Alessandro Porto
A.Porto@sms.ed.ac.uk

Luisa Tramontana

tale Fioretto

andante con brio

Sı ringraziano:

- Focus
- La Nazione
- Il Corriere della Sera
- Famiglia Cristiana
- Sette - RSC Settore Quotidiani
- Donna
- Allurella
- Le studentesse Katrin, Suor Maria, Lilija, le colleghe
  Hermine Jakobs-Ferstl, Serena Ricci, il dott. Carlo Minestrini

Disegni:

Francesco Brugnolo

Divisione delle competenze:

dall'unità 1 all'unità 9 ed esercizi del postludio n° 1 - 5 - 7 - 8 - 9

13 - 16 - 18 - 19 - 20 - 21 - 22 - 23 - 24

a cura di Luisa Tramontana.

Gioco di Roma, unità dalla 10 alla 19 ed esercizi n° 2 - 3 - 4 - 6 - 10

11 - 12 - 14 - 15 - 17 a cura di Natale Fioretto

I edizione
© Copyright 2001 Guerra Edizioni - Perugia

ISBN 88 - 7715 - 509 - 4

3.   2.   1.
2003   2002   2001

Guerra Edizioni

via Aldo Manna, 25 - Perugia (Italia) - tel. +39 075 5289090 - fax +39 075 5288244
e-mail: geinfo@guerra-edizioni.com - www.guerra-edizioni.com

INDICE

INTRODUZIONE

I "lavori" per questo manuale sono cominciati qualche anno fa, quando, per una pura casualità, ci siamo trovati a discutere su alcune schede e sui testi che stavamo in quel momento usando. Non che ci fosse nulla di sbagliato, di insoddisfacente, ma noi facciamo parte di quella particolare classe di insegnanti "poco professionale" che ha bisogno di un coinvolgimento emotivo con quanto elabora in classe con gli studenti.

Il titolo scelto, "Andante con brio", riconduce ad una partitura ritmica musicale che, con buona pace di musicologi ed addetti ai lavori, non esiste. Non uno scherzo irriverente, quanto, piuttosto, un invito metodologico su come il materiale contenuto nel manuale dovrebbe essere presentato ed affrontato: con brio, leggerezza, velocità, quella che la classe consente, ovviamente! Il materiale autentico, dove per autenticità intendiamo l'interazione fra testo e lettore piuttosto che una qualità intrinseca del testo, è stato scelto, superando non poche difficoltà editoriali, con l'obiettivo di essere valido, di impatto positivo, pratico e, tra l'altro, capace di sviluppare una buona competenza e conoscenza socio-culturale che permetta allo studente di identificare l'Italia al di là delle sfilacciature romantico - folkloristiche.

Il materiale si presta ad una doppia utilizzazione:

- quella diretta, nel momento in cui lo studente, operando su materiale autentico, lo trasforma in fasi di apprendimento attraverso gli esercizi che via via svolge;

- quella indiretta, nel momento in cui il materiale diventa per lo studente lo spunto per l' elaborazione di determinate *performance* comunicative.

Il livello di competenza cui abbiamo fatto riferimento corrisponde a quello che viene definito *Indipendent User*.
Il discente è in grado di capire le idee principali di testi complessi sia concreti che astratti, può interagire in modo spontaneo e scorrevole, è capace di produrre testi efficaci e dettagliati. Tuttavia, il materiale, per la flessibilità di proposte, potrebbe dare ottimi risultati anche ad un livello superiore di competenza (*Proficient user*).

Ogni unità è divisa in parti che vorrebbero richiamare una ideale partitura musicale. Si avrà, così, un "preludio" che ha il compito di introdurre in modo molto generico l'argomento che verrà svolto nel corso dell'unità. Si passa, in seguito, a quelle fasi che sono state definite "movimenti". Ogni unità ne contiene fino ad un massimo di cinque. I movimenti che si riferiscono all'area dell' "attività" si propongono come obiettivo la comprensione di uno o più testi nonché delle loro funzioni. A tal fine vengono suggeriti *items* del tipo scelta multipla, testi modificati, sezionati e *gap-filling*.
A questo stadio l'attività dello studente, seppur inserita nelle complesse dinamiche del gruppo-classe, è eminentemente individuale. Appropriandosi dei contenuti dei testi proposti, lo studente sarà in grado di reimpiegare e sviluppare quanto ha appreso. In questa fase vengono previste attività individuali e/o di gruppo che rappresentano il passaggio da un'attività esercitativa oggettiva a una di elaborazione soggettiva che avrà nella parte conclusiva, il "finale", la sua naturale prosecuzione.
Per stimolare e tenere viva la motivazione degli studenti ci siamo spesso serviti di foto, disegni, tabelle e grafici, cioè materiale analizzato nei vari aspetti di accessibilità, impiego, adeguatezza lessicale e strutturale. Un campione delle unità elaborate è stato sottoposto a più prove di *pretesting*.
Il manuale si conclude con una sezione autonoma, il "postludio", composta da una serie di *items* di verifica e controllo grammaticale.

Cogliamo l'occasione per ringraziare il professor Renzo Pavese per la disponibilità mostrata, per i consigli, le "correzioni" e per la fiducia accordataci. Agli studenti che si sono prestati a "inconsueti" esperimenti, il nostro riconoscente: "Grazie!".

Un affettuoso ringraziamento va al professor Giovanni Battista Moretti.

Gli autori

UNITÀ 1

C'era una volta la domestica

PRELUDIO

1) Quali erano i mestieri che una volta la gente sognava di fare?
2) Quali sono invece i mestieri che la gente sogna oggi di fare?
3) Perché sono cambiati (se sono cambiati) i desideri, le aspirazioni, e i sogni della gente?

CHE COSA FA QUESTA DONNA?
Prova ad immaginare che tipo di professione faccia, in che tipo di ambiente si trovi, prova a descriverne il carattere e l'aspetto fisico.

1° MOVIMENTO – ATTIVITÀ

LEGGI ATTENTAMENTE IL TESTO SEGUENTE:

"*C aro Vittorio, tu sei troppo giovane e quindi non ti puoi ricordare di come si viveva prima della guerra, ma se ci fosse ancora la buonanima di tuo padre qui con noi, io non avrei bisogno di dare tante spiegazioni.*
Dunque vi stavo dicendo che prima della guerra tutti gli italiani, dico tutti, vivevano con estrema misura.
Eravamo un paese povero e, sapendolo, mantenevamo un tenore di vita adeguato. Faccio qualche esempio: i ricchi mangiavano la carne una o al massimo due volte la settimana, durante gli altri giorni ognuno s'arrangiava con le uova, le verdure e la caciotta.
I ristoranti praticamente non esistevano, i pranzi venivano cucinati dalle madri di famiglia o da una razza oggi completamente estinta, che era quella delle domestiche fisse: vecchie domestiche che rimanevano in una famiglia tutta la vita".
"*Gli ultimi esempi di schiavitù dell'evo moderno!*".
"*Non bestemmiare Vittò!*
Le vecchie domestiche fisse della Napoli dei miei tempi rappresentavano i pilastri delle famiglie napoletane.
Erano le vestali della casa!
Non avevano marche assicurative ma in compenso avevano tanti figli, tutti quelli che si erano cresciuti dividendone l'amore con le madri effettive".

Tratto da "*Così parlò Bellavista*" di Luciano De Crescenzo, Milano, Mondadori, 1978, pp.84-85:

andante con brio ■

LEGGI LE SEGUENTI AFFERMAZIONI E INDICA QUALI SONO GIUSTE:

■ 1) Prima della guerra si mangiava la carne

    a) una volta la settimana
    b) al massimo due volte la settimana ✓
    c) quasi tutti i giorni

■ 2) Le domestiche che servivano nelle case erano

    a) vecchie
    b) di mezza età
    c) fisse ✓

■ 3) Le madri di famiglia

    a) dividevano l'amore per i figli con le domestiche ✓
    b) erano le vestali della casa
    c) erano i pilastri delle famiglie napoletane

■ 4) Soltanto le domestiche

    a) cucinavano il pranzo
    b) si occupavano di tanti figli
    c) rimanevano in una famiglia tutta una vita ✓

OSSERVA LE SEGUENTI PAROLE E TROVA LA DEFINIZIONE ADATTA TRA QUELLE ELENCATE:

1) pilastri

2) vestali

3) effettive

4) caciotta

5) tenore

6) evo

a) persona che fa proprio, custodisce e difende con assoluta intransigenza un ideale o un principio

b) elemento costruttivo di pietra destinato a sostenere archi e simili

c) livello di vita con riferimento specialmente alle possibilità economiche

d) ciascuno dei grandi periodi in cui si usa suddividere, da un punto di vista cronologico, la storia dell'umanità

e) formaggio tenero in forma schiacciata e rotondeggiante, diffuso nell'Italia centrale

f) vero, reale, tangibile; che serve a produrre o produce un effetto
    Actual (in english)

2° MOVIMENTO – SVILUPPO

NEL TESTO CI SONO DEGLI AGGETTIVI USATI IN MODO PARTICOLARE:
POVERO, VECCHIO.

Esempio: eravamo un paese povero / vecchie domestiche che rimanevano in una famiglia tutta la vita.
Invertendo la posizione dell'aggettivo negli esempi riportati, che significato si avrebbe?

CONOSCI ALTRI AGGETTIVI CHE, CAMBIANDO DI POSIZIONE, MUTANO DI SIGNIFICATO?
FAI QUALCHE ESEMPIO.

DAL TESTO SEGUENTE, CANCELLA L'AGGETTIVO CHE RITIENI NELLA POSIZIONE SBAGLIATA:

SI PUÒ CAMBIARE

Quello che avete in mano è un *valido* strumento *valido* per cambiare vita, un *efficace* programma *efficace* di *otto* settimane *otto* che vi consentirà di migliorare la *vostra* salute *vostra* e sfruttare la *spontanea* forza *spontanea* di guarigione di cui il *vostro* organismo *vostro* dispone.

Forse avrete preso in mano questo *semplice* libro *semplice* perché vorreste avere più *disponibili* energie *disponibili*. Forse perché siete preoccupati che invecchiando vi possano venire le *stesse* malattie *stesse* di cui hanno sofferto i *vostri* genitori *vostri*.

Forse fate *numerosi* viaggi *numerosi* e provate una *enorme* fatica *enorme* a mantenere un *sano* equilibrio *sano* quando vi trovate lontani da casa.

O forse siete affetti da una *cronica* malattia *cronica* e volete ridurre la *costante* assunzione *costante* di farmaci. Quale che sia la *vostra* preoccupazione *vostra* o esigenza, le informazioni che ho raccolto in queste pagine vi aiuteranno ad attingere alle risorse del vostro *stesso* organismo *stesso* per favorire una *naturale* guarigione *naturale*.

Adattato da *La migliore salute possibile* di Andrew Weil, Milano, ed. Corbaccio, 1998, p.5

3° MOVIMENTO

ALLA LUCE DEL TESTO DI DE CRESCENZO, PARLATE DELLA SITUAZIONE DI CHI FACEVA UN LAVORO SOPPIANTATO DALLE NUOVE MANSIONI O PROFESSIONI MODERNE.

ESPRIMETE UN VOSTRO PARERE SU VANTAGGI E SVANTAGGI CHE LE NUOVE PROFESSIONI HANNO PORTATO NELLA VITA SOCIALE.

PENSATE CHE SI PROVI NOSTALGIA PER LAVORI CHE NON ESISTONO PIÙ O CHE SONO STATI TRASFORMATI DALLA SOCIETÀ DI OGGI?

4° MOVIMENTO

AVETE QUALCHE CRITICA DA FARE, O QUALCHE RAMMARICO DA ESPRIMERE PER IL VOSTRO PASSATO, PER QUALCOSA CHE AVRESTE POTUTO FARE DIVERSAMENTE IN CIRCOSTANZE DIVERSE?

QUALI SONO LE VOSTRE PROSPETTIVE PER IL FUTURO, I VOSTRI DESIDERI, LE VOSTRE ASPETTATIVE RIGUARDO AL LAVORO?

USA LE SEGUENTI TRACCE DI GIORNALE PER RICOSTRUIRE LE NOTIZIE.

Il caso in una Asl in provincia di Venezia. Lui: «Volevo solo togliere dei capelli»

«Una pacca sul sedere non è reato»

Dirigente assolto in Cassazione. L'impiegata: alle donne non conviene denunciare

India, salvata dopo sei giorni una donna ultracentenaria

Wojtyla invita i cristiani a usare i nuovi strumenti di comunicazione contro i falsi dei e l'edonismo

Il Papa benedice Internet: utile per evangelizzare il mondo

Bruxelles: rischiamo di dovere abbattere due milioni di capi in Europa solo quest'anno

Carne, un altro caso di mucca pazza

Secondo bovino malato scoperto in Veneto. Veronesi: due anni per debellare il morbo

Indovinelli

1) Ho una cassetta piena d'ossa/ e in mezzo c'è una pezza rossa.
2) In uno scrigno di velluto rosso/ nascondo tante perle delicate:
   e se qualcuno me le vuole strappare/ la città intera mi sente strillare.
3) Viene la vecchia con la treccia bianca /
   e tutti cercano il vecchio con la testa rossa.
4) La vedi e non la tocchi / e se la calpesti non sente dolore.
5) Vado in giro se piove a catinelle / e se c'è il sole mi metto a dormire.
6) Son quattro sorelle che si corrono dietro/ e non si incontrano mai.
7) Di giorno è piena / di notte è vuota.
8) Non mangia, beve sempre e non si ubriaca mai.

FINALE – PRODUZIONE SCRITTA

Confrontando opinioni tratte da giornali o riviste, esprimi un tuo parere a proposito delle nuove professioni nel mondo moderno. Indica quali secondo te avranno più probabilità di sopravvivenza e fai qualche proposta di nuovi lavori possibili nel prossimo futuro (scrivi fino ad un massimo di 200 parole).

da
"IL CORRIERE DELLA SERA"
del 10 novembre 2000,
inserto LAVORO

Donne e uomini che fanno mestieri... alla rovescia

VERA ROVERA, COPILOTA RALLY

"Il maschiaccio non paga. La velocità è femminile"

Donne al volante. Donne di quelle toste. La parola "paura", nel vocabolario di Vera Rovera, non esiste. Ha cominciato con i concorsi di equitazione. Una passione di famiglia. Poi, quando un lancio con il paracadute le ha impedito per un po' di salire a cavallo, ha accettato la proposta di un amico: sedersi in automobile per "leggere le note" al pilota. In gergo, significa fare da navigatore durante il rally. Per sedere al fianco del pilota ci vogliono doti molto femminili: grinta e precisione. Certo, non bisogna temere la velocità. Vera ha scoperto un'altra vocazione: il giornalismo, e ha preso anche l'abilitazione come istruttore di guida off-road. Gli allievi sono sempre maschi. E sempre molto diffidenti nei suoi confronti. Fanno un sacco di domande tecniche per vedere se è capace di rispondere. "L'importante, quando una donna fa un lavoro come il mio, è riuscire a non scimmiottare gli uomini. Fare il "maschiaccio" non paga. E' mantenendo la propria femminilità che, se pure lentamente, ci si conquista la fiducia".

DAVIDE SOLLAZZO, PROFESSIONE BABY SITTER

"Ai giardini le colleghe "tate mi ignorano"

Meglio fare il baby sitter, piuttosto che passare le notti dietro il banco di McDonald's come fanno in tanti. In fondo è un lavoro tranquillo. Certo, non l'aspirazione professionale della vita. Però 15 mila lire all'ora alla fine del mese diventano un bel gruzzolo. E' stata la madre di Davide Sollazzo ad avere l'idea, lei impiegata in un'agenzia specializzata nella ricerca e nel collocamento di baby sitter. Un'esperienza positiva, che ora stanno cercando di proporre ad altre famiglie. Anche se qualcuno proprio non ne vuole sapere di un "tato" maschio. Quello che Davide non apprezza troppo è il fatto di trovarsi sempre in mezzo a una schiera di mamme, nonne, zie, tate. L'unico lato poco piacevole del lavoro è proprio questo: che non si hanno rapporti con coetanei. Non ci sono confronti. Almeno per ora. "In effetti alcuni miei amici, adesso che ho fatto da apripista, stanno pensando di provare anche loro a occuparsi di bambini".

LAURA LINCOL, DIRETTORE VENDITE (VERRICELI PER AUTO)

"Ma che fatica essere presa sul serio!"

Laura Lincoln Ponticaccia arriva dall'America. Ha antenati corsi, e aveva sempre sognato di lavorare in Europa. Così ha cominciato a rispondere a una serie di inserzioni. Senza guardare troppo per il sottile. L'importante era attraversare l'oceano. E quando ha ricevuto una proposta dalla Warn, società specializzata nella produzione di verricelli per fuoristrada e mezzi di lavoro, ha detto sì. Ma diventare direttore vendite del mercato europeo è stata un'impresa che ha del titanico. La difficoltà maggiore che ha incontrato sul suo cammino? Riuscire a farsi trattare dagli interlocutori come un uomo. Da pari a pari. "Adesso sono in grado di sostenere qualunque discussione tecnica. Anche se quelli che non mi conoscono faticano a prendermi sul serio".

UNITÀ 2

1) L'uomo e la donna possono fare lo stesso lavoro?
2) Si lavora per necessità ó per passione?
3) Elenca i lavori che si fanno per passione, quelli che si fanno per piacere agli altri, e quelli che si fanno per necessità.
4) Commenta la seguente affermazione:"E' meglio che l'uomo faccia l'uomo, e la donna la donna".

1° MOVIMENTO – ATTIVITÀ

Quando lei si mette a far mestieri da lui (e lui li fa da lei …) Donne che si gettano dagli aerei. Che guidano auto da rally e trattori. Che tirano in piedi muri. Uomini che passano la giornata al telaio. O a fare gli orli ai pantaloni. O ancora, ad accudire i bambini. Un mondo alla rovescia? Forse. O forse gira proprio nel verso giusto. Perché non tutte le donne si sentono a loro agio dietro una scrivania e tra i fornelli, piuttosto che a discutere di verricelli per fuoristrada. E non tutti gli uomini preferiscono il fumo dei tubi di scappamento alla tranquillità di un laboratorio artigianale. L'importante è fare quello che piace. Non cedere ai luoghi comuni. Sorridere di fronte alle battute poco simpatiche. Difendere le proprie scelte. Come hanno fatto i protagonisti di queste storie.

di Cristina D'Antonio e Paola Pignatelli

Maher Balle, dentista, sarto per vocazione
"Più del trapano mi piacciono ago e filo"

Maher Balle si è ribellato ai genitori ed è scappato dalla Siria. Ha detto no al camice bianco, al trapano, alle siringhe. Lui voleva fare il sarto. Come suo padre, sua madre, i suoi zii, le sue sorelle, i suoi cugini. Si sentiva a suo agio, tra aghi e fili. E aveva mani d'oro. Ed è finito alla "Gipsy", specializzata nella riparazione di jeans. Li allargano, li stringono, rifanno gli orli, cuciono gli strappi, attaccano toppe, sostituiscono le parti lise. Maher è riuscito a fare quello che voleva. Un mestiere poco adatto a un maschio? "Riparare un capo rotto è più difficile che farne uno nuovo. Perché il pantalone è già tagliato. Bisogna attenersi al modello. Trovare la stoffa con lo stesso colore. Fare punti invisibili".

TINA KIRKPATRICK, UNA "STALLIERA" DAVVERO SPECIALE
"Sì, sono io il ragazzo di fatica nel maneggio"

Nelle scuderie li chiamano "grum", cioè stallieri. Sono i ragazzi che puliscono i cavalli, li sellano, preparano il cibo. Ma nel caso di Tina Kirkpatrick, il termine è un po' riduttivo. Perché lei fa di più. E non si tratta di mansioni leggere: caricare e scaricare le balle di fieno, lavorare di cazzuola con cemento e mattoni, tirando su muri. Anche far partorire i cavalli non è impresa facile. Oggi Tina è l'uomo di fatica del maneggio, non si tira mai indietro quando si tratta di lavori pesanti. "Sono obbligata a vestirmi da maschio, sempre sporca di paglia, terra, fango. Mi sentirei in difficoltà in abito da sera scollato, con i miei muscoli".

GIUSEPPE NAGLER, TESSITORE "D'ARTE E DI FAMIGLIA"
"Fantastico creare al telaio tovaglie e corredi"

Questione di patrimonio (anche culturale) di famiglia. Al quale è difficile opporsi. "E infatti ho cominciato giovanissimo, senza neanche chiedermi se fosse quello che volevo oppure no. Comunque ora posso dirlo con certezza: è stato sempre quello che ho voluto" dice oggi Giuseppe Nagler, tessitore artistico, poco appassionato ai macchinari moderni, decisamente innamorato del suo telaio a mano. Da solo guida l'azienda di famiglia specializzata in tovaglie, corredi da sposa, asciugamani e quant'altro. E non si preoccupa di sapere dove finiscano le sue "creature". La soddisfazione sta altrove. Nel guardarle, sfiorarle con le dita e capire di avere indovinato la cosa giusta.

TROVA LA DEFINIZIONE GIUSTA DI OGNI NOME COMPOSTO:

1)	mitomane	a)	strumento fiscale che si propone di determinare il tenore di vita, cioé i redditi
2)	semidio	b)	sbarra infissa a lato di una scala o al soffitto di un autobus per sostenersi
3)	redditometro	c)	chi tende a falsificare la realtà per attirare l'attenzione su di sé
4)	corrimano	d)	chi partecipa di qualità divine e tuttavia non è immortale
5)	toccasana	e)	chi ha una opinione esagerata delle proprie possibilità
6)	megalomane	f)	perversione sessuale consistente nell'attrazione verso i cadaveri
7)	misantropo	g)	che ha forma umana
8)	piromane	h)	chi per primo intraprende un'attività ed è poi seguito da altri
9)	antropomorfo	i)	chi è affetto da un impulso ossessivo e irresistibile ad appiccare il fuoco
10)	necrofilia	l)	rimedio pronto e sicuro o considerato prodigioso
11)	apripista	m)	chi è poco socievole e vive ritirato o non ama la compagnia

UNISCI CIASCUN ELEMENTO DELLA COLONNA **A** CON QUELLO DELLA COLONNA **B** IN MODO DA FORMARE UNA CORRETTA PAROLA COMPOSTA:

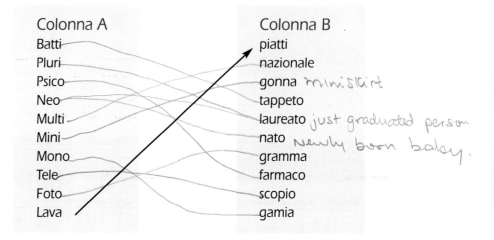

Colonna A
Batti
Pluri
Psico
Neo
Multi
Mini
Mono
Tele
Foto
Lava

Colonna B
piatti
nazionale
gonna *ministkirt*
tappeto
laureato *just graduated person*
nato *Newly born baby.*
gramma
farmaco
scopio
gamia

2° MOVIMENTO – SVILUPPO

PARLA DELLA DIFFICOLTÀ DI TROVARE LAVORO OGGI.

SARESTI DISPOSTO A FARE QUALSIASI COSA PUR DI AVERE UN LAVORO?

RITIENI CHE CI SIA QUALCOSA DI STRANO IN ALCUNI "NUOVI" LAVORI?

HW martedì

3° MOVIMENTO

OSSERVA LE SEGUENTI FRASI: QUALE SOSTANTIVO MANCA?

1) Mi è venuto un .... quando ho saputo che un mio amico aveva avuto un incidente.
2) - Ho la febbre. - Strano, con questo caldo! - Già, ma penso proprio che sia stato un .... di sole!
3) Oggi sono andata dal parrucchiere: volevo cambiare un po' stile, così ho deciso di farmi fare dei ....
di sole.
4) Quando avrai deciso dove vuoi andare a festeggiare l'esame, dammi un .... di telefono!
5) Hai letto le notizie di oggi? Pare che alla banca di Roma i soliti ignoti abbiano fatto un gran ....:
hanno portato via ben 500 milioni!
6) Finalmente Paolo è riuscito a far .... su Maria! Si è presentato da lei, previo appuntamento, con un
enorme mazzo di rose rosse e con la chitarra le ha fatto una serenata. Era proprio quello che Maria desiderava!
7) L'incidente è stato così violento e fulmineo che i passeggeri sono morti sul ....
8) Hai avuto un gran .... di fortuna a vincere una somma così grossa alla lotteria.

OSSERVA LE SEGUENTI FRASI: QUALE AGGETTIVO MANCA?

1) I piatti .... sono la cucina locale migliore che si possa assaggiare.
2) La mia era un'idea .... per il nuovo film ma non è stata accettata.
3) Una .... passeggiata al giorno, fatta però di buon passo, toglie il medico di torno.
4) Da .... impiegato qual era, è diventato Executive Manager della ditta per cui lavora.
5) Non c'è bisogno di preparare manicaretti per stasera, basta una cosa .... , tanto per stare insieme.
6) Carla è proprio una ragazza .... e spontanea, senza tanti grilli per la testa.

COLLEGA LE SEGUENTI FRASI SCOMPOSTE CON LE CONGIUNZIONI NECESSARIE DELLA COLONNA CENTRALE:

1) Il lavoro è importante	benché	a) bisogna darsi da fare
2) Lavorare in ufficio può non essere noioso	perché	b) rende indipendenti
3) Il lavoro della casalinga è generalmente sottovalutato	purché	c) alcuni oggi comprendano che non è tutto rose e fiori
4) Lavorare stanca, qualcuno diceva	ma	d) si abbiano colleghi simpatici
5) Il lavoro nobilita l'uomo	e	e) se si trova il lavoro congeniale la fatica non si sente affatto
6) Di solito sono concentratissimo	pur	f) lo rende simile alle bestie
7) Marco è disposto a fare di tutto	quindi	g) di lavorare
8) Oggigiorno è veramente difficile trovare lavoro	mentre	h) lavoro

FINALE - PRODUZIONE SCRITTA

a) Paragona la professione di un dentista con quella di un dottore, di un insegnante e di una ricercatore, pensando allo stipendio, all'orario di lavoro, alle prospettive, alla preparazione, alle vacanze, alle soddisfazioni (scrivi fino ad un massimo di 200 parole).

b) Pensa al tuo lavoro o a qualche lavoro che conosci bene, considerando lo stipendio, l'orario, le prospettive, ecc. Immagina che un tuo amico abbia intenzione di cambiare lavoro. Con una lettera di 200 parole al massimo, cerca di convincerlo che il tuo lavoro è meglio del suo.

UNITÀ 3
I COLORI DELLA VITA

PRELUDIO

1) Qual è il tuo colore preferito? Perché?

2) Di che colore vedi il mondo, la gente, l'amore, la vita, i soldi, la felicità?

3) Quante espressioni che si riferiscono ai colori conosci in italiano? Elencale e spiegale.

1° MOVIMENTO – ATTIVITÀ

CONSIDERANDO L'ARGOMENTO E A CHI È DIRETTO IL MESSAGGIO PUBBLICITARIO DEVI DIRE DI CHE COSA SI STA PARLANDO:

Il decalogo della vitalità

Niente paura con il rosso!

Ti senti insicura, intimidita, titubante? Pensa al rosso. Mettiti un vestito rosso, oppure tieni tra le mani un fazzoletto rosso da guardare ogni tanto. Il rosso dà forza, sicurezza, energia. E' il colore vitale per eccellenza, è il simbolo stesso della vitalità. Aiuta a combattere la pigrizia, rende più attivi, spinge a darsi da fare. Se sei stanca, tieni dunque a portata di vista qualcosa di rosso: ti farà sentire meglio, più in forma e vitale.

Sei triste? Vestiti di arancione.

Basta una camicia o anche un semplice foulard annodato al collo. I colori emanano energia e quella dell'arancione è calda, rasserenante, dà gioia di vivere ed allegria. Aiuta a superare il pessimismo, la malinconia, il senso d'insoddisfazione. Chi sceglie l'arancione d'istinto è infatti una persona tendenzialmente ottimista ed estroversa. Esso è anche un ottimo stimolante, utile per combattere l'inappetenza e i problemi respiratori.

Cerchi un'idea? Guarda il giallo.

Il colore del sole e dell'oro è anche il colore della creatività. E' considerato il più potente antidepressivo ed ha una diretta influenza sul cervello e sul sistema nervoso. Ne stimola l'attività e l'energia. Infatti è il colore prediletto dalle persone più spontanee, generose e piene di vitalità. Come sfruttarne i benefici? In ufficio metti più oggetti gialli sulla scrivania o metti un tappeto giallo dove lavori: la tua creatività sarà al massimo della sua vitalità. Se però hai difficoltà a dormire, devi fare attenzione: i problemi d'insonnia possono aumentare.

E tu di che colore sei?

Rosso, arancione, giallo. Hai i colori della vitalità, dell'energia e della creatività.

TROVA ORA LE MOTIVAZIONI PER VESTIRTI, O FAR VESTIRE CHI TI STA ACCANTO, DI:
BIANCO, ROSA, VERDE, BLU, MARRONE, VIOLA, NERO.

SECONDO TE, I VESTITI DEVONO AVERE COLORI PARTICOLARI A SECONDA DELLE CIRCOSTANZE?

PERCHÉ LA PUBBLICITÀ SI RIVOLGE SOLO ALLE DONNE?

GLI UOMINI NON DEVONO ESSERE VITALI, ENERGICI, CREATIVI?

2° MOVIMENTO – SVILUPPO

Il linguaggio della pubblicita'

MUOVITI PER SENTIRTI PIÙ VITALE
DA' IL GIUSTO PESO ALLE COSE
FATTI AVANTI, TOCCA A TE
ACCETTA LE NOVITA'
RIDI CHE TI PASSA
CANTA CHE TI PASSA
IMPARA A PIACERTI

DOPO AVER LETTO QUESTI SUGGERIMENTI,
CHE FANNO SEMPRE PARTE DELL'INFORMAZIONE
PUBBLICITARIA DI PARTENZA E CONTENGONO
ANCHE CONSIGLI PER UNA VITA SERENA: INVENTA
UNA PUBBLICITÀ PER OGNI FRASE, SECONDO IL
SIGNIFICATO CHE RITIENI PIÙ OPPORTUNO E PIÙ
GIUSTO.
Come avrai potuto notare, ci sono
alcune frasi che rinviano ai proverbi.

POTRESTI AFFERMARE CHE OGGI LA PUBBLICITÀ STA SOPPIANTANDO I PROVERBI?
Sapresti trovare altri proverbi o motti che diano indicazioni per affrontare la vita nel modo migliore?

TRADUCI, SE POSSIBILE, I SEGUENTI PROVERBI NELLA TUA LINGUA. TROVA POI ALTRI ESEMPI PARALLELI
TRA L'ITALIANO E LA TUA LINGUA.

CAMPA CAVALLO CHE L'ERBA CRESCE ....
L'ERBA DEL VICINO È SEMPRE PIÙ VERDE ....
A CAVAL DONATO NON SI GUARDA IN BOCCA ....
CHI BEN COMINCIA È A METÁ DELL'OPERA ....
CHI LA FA L'ASPETTI ....
PATTI CHIARI, AMICIZIA LUNGA ....
CHI TARDI ARRIVA, MALE ALLOGGIA ....
CHI SEMINA VENTO RACCOGLIE TEMPESTA ....

3° MOVIMENTO – SVILUPPO

AD OGNI COLORE DATO ASSOCIA UN AGGETTIVO E CREA UN PARAGONE:

Bianco	*la neve*	come	Neve
Giallo	*sole*	come	sole
Arancione	....	come	....
Rosa	....	come	neunato
Rosso	....	come	sangue
Celeste	....	come	mare
Verde	....	come	....
Marrone	....	come	....
Blu	....	come	cielo
Viola	....	come	....
Nero	....	come	....

INSERISCI I SEGUENTI AGGETTIVI QUALIFICATIVI NELLA GIUSTA TABELLA:

Assordante, rumoroso, rimbombante, lungo, pallido, scuro, tenebroso, luminoso, amaro, dolce, acido, profumato, pungente, puzzolente, liscio, aspro, morbido, ruvido, vellutato, ondulato, piccante, oleoso.

UDITO	VISTA	GUSTO	OLFATTO	TATTO
assordante	scuro	piccante	profumato	liscio
rumoroso	pallido	dolce	pungente	morbido
rimbombante	[lungo]	amaro	puzzolente	ruvido
	tenebroso	acido		vellutato
	luminoso	aspro oleoso		ondulato oleoso

NELLE FRASI SEGUENTI, SPIEGA LE ESPRESSIONI CON I COLORI, SCRITTE IN CORSIVO, E FAI ALTRI ESEMPI:

1) *Nel verde degli anni*, era pieno di sogni e di belle speranze, di desideri che pensava presto di realizzare.

2) Devo portare mio marito dall'oculista. Ultimamente *non distingue* più *il nero dal bianco*.

3) Poverino, da quando gli sono capitati episodi strani, *vede tutto nero*.

4) Quando si devono prendere accordi per lavori di particolare importanza e di spesa elevata, è sempre meglio *mettere nero su bianco*.

5) L'altro giorno ho visto un signore che somigliava proprio al mio amico Marco. Gli sono corso dietro, l'ho fermato, l'ho salutato calorosamente e nella foga non mi ero accorto di *aver preso bianco per nero*.

FINALE – PRODUZIONE SCRITTA

1) Fate una ricerca in coppia sui seguenti argomenti:

- il libro più interessante che avete letto
- il film più terrificante che avete visto
- l'opera più divertente che avete visto
- il brano musicale più eccitante che avete sentito
- trovarsi sul punto di avere un incidente
- la cosa più stupida che avete fatto
- la miglior discoteca dove siete stati
- il più bel panorama che avete visto
- il posto più bello dove siete stati
- il pasto più delizioso che potete ricordare

2) Inventate un proverbio per qualche cosa o per qualche situazione che avete vissuto, ma che si possa generalizzare per tutta l'umanità.

3) Inventate una pubblicità per un prodotto di vostra invenzione.

Slogan
in coppia

Picture:
To promote something
by the picture
Slogan – catch phrase

Which product?
This product is aimed
at.
Goes on sell...

UNITÀ 4

1) In Italia la SIMPSONMANIA ha invaso il mondo televisivo, e non solo. Anche nel tuo paese è così?

2) C'è qualche aspetto del carattere dei personaggi Simpson che ti piace o in cui ti rispecchi?

3) Più sono brutti, sporchi e cattivi, più sono famosi.
Da dove deriva, secondo te, la loro fama?

4) Pensi che siano personaggi presi dalla realtà o completamente inventati?

LA FEBBRE

1° MOVIMENTO - ATTIVITÀ

LEGGI IL SEGUENTE BRANO FACENDO ATTENZIONE ALL'USO DI PARTICOLARI AGGETTIVI.

BRUTTI, SPORCHI, CATTIVI. E FAMOSI

Homer J. Simpson, il capofamiglia, lavora come ispettore di sicurezza alla Snpp (Springfield Nuclear Power Plant), cioè alla centrale nucleare di Springfield. Se avete avuto bisogno della traduzione per capirlo, c'è molto di Homer nel vostro cervello… Questa è la presentazione redatta da Matt Groening, l'inventore dei Simpson, per presentare il numero uno della famiglia più popolare degli Stati Uniti. Chi sono i Simpson? Prendendo la scorciatoia più rapida, sono una tipica famiglia americana che incarna, nel modo più politicamente scorretto possibile, lo stile di vita dei born in Usa. C'è Homer, il capofamiglia, un po' pelato, un po' ritardato, che nel posto di lavoro ha già causato parecchi problemi. I colleghi non lo amano, lui non se ne preoccupa. Lavora tutto il giorno, poi si fionda a casa e davanti alla Tv si abboffa di pop corn. Quando va a dormire, prima di spegnere la luce, non manca mai di sussurrare alla moglie: « Margie, sai che ti voglio bene». Margie, dal canto suo, fa la casalinga a tempo pieno: il suo hobby è modificare continuamente la capigliatura iper-cotonata, che diventa di volta in volta cassaforte, contenitore di oggetti, monetine e dollari di carta. Ha il 47 di piede.
I Simpson hanno tre figli: il primogenito, Burt (tradotto vuol dire monello) è il personaggio più popolare per il pubblico, che segue la serie televisiva dal lontano 1987 con una fedeltà che non ha eguali per nessun altra trasmissione televisiva. Ha dieci anni, è una peste che si crogiola nel primato alla rovescia di esser l'ultimo della classe. La sorella Lisa è vanesia, pettegola e suona il sax, am-

Alcune domande a Burt Simpson.

Leggi attentamente:

- Qual è il tuo hobby preferito?

« Comportarmi da immaturo »

- Che cosa provi crescendo con due sorelle?

« Non sono sorelle, sono extraterrestri »

- Qual è il momento più piacevole di un tuo giorno a scuola?

« L'intervallo »

- Cosa provi sapendo di avere un nome come Bartolomeo?

« Chiamami ancora così e ti rompo il muso »

- Chi è il modello a cui ti ispiri nella vita?

« Otto, l'autista del mio scuola - bus. Ha un bellissimo tatuaggio perenne »

- Cosa vuoi fare da grande?

« Indifferentemente il presidente degli Stati Uniti o il superboss della mafia.
O entrambi »

- Come e quanto la scuola ti aiuta a crescere?

« Non ho tempo per rispondere a queste domande stupide »

- Qual è stata la tua più grossa delusione di bimbo?

« Quella di non aver potuto vivere l'esperienza della guerra fredda! »

- Completa la frase: sono lieto di...

« ...di avere ancora otto anni prima di essere considerato un adulto ».

DEI SIMPSON

morbando i vicini con un vero inquinamento acustico. Infine c'è Maggie, l'ultimogenita. Ha pochi mesi, non parla ma emette suoni suggestivi e succhia perennemente un biberon stereofonico. I Simpson hanno la pelle giallo canarino, gli occhi rotondi come palline da ping pong, la mascella quadrata. Per loro il massimo della vita è il non far niente, cercando però di dare il massimo fastidio a chi è loro vicino. Sono ormai diventati un fenomeno di costume. Negli Stati

Uniti hanno stilato una classifica dei miti del secolo: al primo posto c'è Louis Armstrong [...] Burt Simpson è al sedicesimo, prima di Frank Sinatra, Steven Spielberg, Strawinsky [...] In Italia i Simpson sono in video ininterrottamente dal 1991 [...] Sono arrivati otto anni fa. Hanno invaso i teleschermi e non hanno nessuna intenzione di andarsene: piacciono ai ragazzi, piacciono ai loro genitori. Ognuno, sotto sotto, riconosce una parte di sé stesso

in uno dei componenti della famiglia. Del resto è stato proprio questo l'obiettivo primario del loro creatore, l'ormai multimiliardario Matt Groening, che non nasconde di essersi ispirato alla realtà quotidiana e persino alla propria famiglia. «Il mio successo» ammette infatti, « deriva dalle cose che da bambino mi dicevano di non fare. Mi sono ispirato alla mia famiglia anche per i nomi di battesimo, anche se a casa nostra eravamo meno aggressivi e più belli». I tre piccoli Groening, che

vivono a Venice, sobborgo di Los Angeles sul mare, si chiamano infatti Homer, Deborah e Maggie [...] I Simpson, come Snoopy e Topolino, non invecchiano mai: hanno l'eternità concessa agli eroi di carta. Un'eternità che dura sinché ci saranno telespettatori che si faranno ipnotizzare dalle loro storie. E finché i gadget ispirati a Burt e compagni continueranno a essere oggetto di culto per acquirenti di tre generazioni [...]
di Gigi Vesigna, in *Famiglia Cristiana* n. 14/1999

COME RISPONDERESTI ALLE DOMANDE FATTE A BURT NELLA PAGINA PRECEDENTE, SARESTI COMPLETAMENTE SINCERO O CERCHERESTI DI CAMUFFARE LA RISPOSTA?

2° MOVIMENTO – SVILUPPO

FAI UN ELENCO DI

COMPORTAMENTI POLITICAMENTE CORRETTI	**COMPORTAMENTI POLITICAMENTE SCORRETTI**
....	....
....	....
....	....
....	....
....	....
....	....
....	....
....	....
....	....
....	....
....	....

TROVA NEL TESTO AGGETTIVI O SOSTANTIVI CON UN PARTICOLARE PREFISSO CHE ABBIA VALORE DI SUPERLATIVO. QUALI ALTRI PREFISSI CONOSCI CON LO STESSO VALORE?

FANNE UN ELENCO CON NOMI APPROPRIATI E COMPONI DELLE FRASI CON OGNUNO. Es. iper, multi, ecc.

3° MOVIMENTO

PERSONAGGI FAMOSI NELLA STORIA ITALIANA.
COLLEGA CON UNA FRECCIA LE INFORMAZIONI CORRETTE PER OGNI PERSONAGGIO.

Federico Fellini	a) Eroe del Risorgimento italiano
Michelangelo	b) Attrice di fama internazionale
Leonardo da Vinci	c) Grandissimo pittore, scultore, architetto e poeta del Rinascimento
Giuseppe Garibaldi	d) Regista di film basati sulla rappresentazione di sogni, ricordi e fantasie
Sofia Loren	e) Pittore, scultore, architetto, ingegnere, matematico, inventore
Giuseppe Verdi	f) Medico, specializzata in neurologia, Premio Nobel per la Medicina (1986)
Rita Levi Montalcini	g) Compositore di opere liriche dell'800

ORA COMPONI DELLE FRASI CHE ABBIANO COME SOGGETTO I PERSONAGGI CITATI E, SE NE SEI A CONOSCENZA, AGGIUNGI QUALCHE PARTICOLARE DELLA VITA DI OGNUNO.
SCRIVI GLI ELEMENTI MANCANTI NEL SEGUENTE SCHEMA:

pittura	dipingere	pittore
scultura	....	....
regia	....	....
....	....	attore
archeologia	....	....
....	comporre	....
invenzione	....	....
....	....	medico

4° MOVIMENTO

Secondo te, i componenti della famiglia Simpsons rappresentano lo stereotipo della famiglia media americana oppure no? Avendo conosciuto qualche famiglia italiana, sapresti dire quali differenze esistono tra la famiglia media italiana e la famiglia media del tuo paese?
Per quanto riguarda i giovani, dopo aver letto il risultato di un sondaggio su come vivono i giovani, che lavoro fanno, come impiegano il loro tempo libero, che musica, cibo, abbigliamento prediligono e che hobby e interessi hanno i ragazzi tra i 18 e i 25 anni nel 2000, fai un paragone con i giovani del tuo paese e stila una classifica delle loro preferenze.

Cos'è irresistibile per i giovani, cos'è irrinunciabile agli albori del terzo millennio?
IRRINUNCIABILE: palestra 21,6% e discoteca 20% (musica leggera 35%)
PREFERENZE: radio 57,1%, giornali 63%, Internet 83%
CIBO: mangiare fuori 61%, cucina italiana 38%
ABBIGLIAMENTO: sportivo 55,1%
BEVANDE: non bevono alcolici 87%

MA CHE COSA E' VERAMENTE IRRESISTIBILE PER I GIOVANI ITALIANI?
Tra le professioni: quella dell'avvocato.
Tra i cantanti: Ligabue e Vasco Rossi.
Tra gli attori: Robert De Niro e Julia Roberts.
Tra gli sportivi: Francesco Totti (calciatore della Roma).
Tra i cibi: pizza, Nutella, Pringles.
Tra le bevande: Coca Cola, birra.
Tra giornali o riviste: Focus.

Adattato da *Allurella*, Cos'è irresistibile, di Rosetta Sannelli, dic. 2000

FINALE – PRODUZIONE SCRITTA

Scrivi della vita di un amico o di un membro della tua famiglia che conosci bene (fino ad un massimo di 200 parole). cercando di utilizzare le seguenti congiunzioni o locuzioni temporali.

> *Quando, non appena, mentre, dopo, prima, durante, finché, all'età di, da, da quando.*

UNITÀ 5
LA DANZATERAPIA
&
LE MEDICINE ALTERNATIVE

PRELUDIO

1) Che rapporto hai con le medicine?
2) Nel tuo paese si fa molto uso dei cosiddetti "farmaci da banco"?
3) Che cosa sono le medicine alternative?
4) Ti interessi o segui qualche medicina alternativa?
5) Le medicine alternative sono molto diffuse nel tuo Paese?
6) Quali fra le seguenti terapie alternative conosci?

☐ **omeopatia**   ☐ **cromoterapia**
☐ **shiatsu**   ☐ **agopuntura**
☐ **aromaterapia**   ☐ **danzaterapia**

1° MOVIMENTO – ATTIVITÀ
LEGGI IL SEGUENTE TESTO:

Siamo in una palestra, un gruppetto di otto donne fra i trenta e i sessanta, in tuta, per una lezione di danzaterapia. Donata Zocca, l'art therapist, è una donna alta e leggera, con un'invidiabile magrezza e la grazia di un grande uccello. Ci guiderà, a suon di musica, a trovare i movimenti che più si confanno al nostro corpo, e danzeremo aprendo le braccia davanti a noi, creando il nostro spazio, oppure lasciandoci andare dolcemente a terra per riconquistare la nostra dimensione orizzontale, o battendo i piedi forte, come quando ci si vuole imporre, o magari gattonando come fanno i bambini che giocano. Non una danza per tutte, ma ognuna crea la sua danza. "Il modo in cui ci muoviamo nello spazio" spiega Donata Zocca "per esempio entrando in una stanza o nel rapporto con gli altri, riflette il modo in cui ci muoviamo nella vita. Dice se siamo spavaldi o incerti, timorosi di muoverci o sicuri. Se il nostro movimento diviene più armonico e consapevole cambia anche il nostro rapporto con la realtà". **La danzaterapia, allora, consiste in particolari esercizi?** "Non esattamente. Si tratta di suggerimenti, di proposte che non sono esercizi tecnici ma aiutano ad entrare in contatto col nostro movimento spontaneo. Per esempio: se una persona si sente impacciata o bloccata per timidezza (è un problema frequentissimo) le suggerisco dei semplici movimenti da compiere ad occhi chiusi, così che possa entrare gradualmente in contatto col proprio corpo che si muove nello spazio senza avvertire lo sguardo giudicante degli altri. E via via, con movimenti adeguati e sempre sostenuti dalla musica, si va a compensare delle carenze. Altro esempio: chi si muove in modo brusco, controllato, un po' come un robot, scoprirà la possibilità di movimenti fluidi e legati ai quali è possibile abbandonarsi".

Ma è anche divertente?
"Come no? La dimensione ludica è sempre presente e soprattutto quando la danza è fatta in gruppo. E poi c'è anche la musica che sostiene: una musica dal ritmo chiaro, preciso, può aiutare ad avere più confidenza, meno paura nell'esporsi; un ritmo calmo, tranquillo fluidifica i movimenti.
Dei passi forti, che fanno sentire il loro peso a terra, scaricano l'aggressività e sono preziosi per le donne che hanno un bisogno magari inconsapevole di affermarsi.
Mentre per i ragazzi è importante l'acquisizione della leggerezza. Insomma sono molte le direzioni in cui la danza va a scovare e compensare le carenze" […]

Ma chi viene portato in palestra a danzare?
"Ragazze e bambini portati dai genitori, adulti dei più diversi ceti sociali. Spesso si tratta di educatori, assistenti sociali, madri di famiglia, tutte le persone che hanno un lavoro fisico e psichico pesante.
Depongono il loro fardello e si muovono alleggerendo il loro corpo".

E quali sono gli effetti di questa art therapy?
Il movimento ha un'enorme influenza su tre dimensioni, cioè su corpo, anima e spirito, perché mette un poco a tacere il livello mentale facendo emergere la parte più emotiva della personalità e, in un secondo tempo, quella spirituale" […]

E quali sono gli effetti sulla persona?
"Aumento del benessere, rilassamento e, al tempo stesso, acquisizione di energie inaspettate, e un miglioramento progressivo del proprio paesaggio interiore ed esteriore. Si comincia dallo sciogliere le articolazioni (e per molti vuol dire già meno dolore) e si procede imparando a lasciare, almeno temporaneamente, i pesi delle fatiche e dello stress. Quindi si va a scoprire un modo di comunicare che non è quello essenzialmente verbale ma tuttavia infinitamente espressivo. Le persone divengono più sicure anche del proprio aspetto, meno aggressive, più armoniose fuori e dentro".

Tratto da un articolo di Gabriella Magrini su *Allurella*, giugno 1999

LAVORATE IN COPPIA ED ESPRIMETE LE VOSTRE OPINIONI SULLE MEDICINE ALTERNATIVE.
CONFRONTATE E DISCUTETE LE VOSTRE RISPOSTE.

Aspetti positivi	Aspetti negativi
Non si prendono medicine	Non sono scientifiche ....
....	....
....	....
....	....
	....

2° MOVIMENTO – SVILUPPO

DOPO AVER ANALIZZATO E SPIEGATO I SIMBOLI DEI CONSIGLI
DEL FARMACISTA, INVENTA ALTRI SEGNALI PER INDICARE
IL PERICOLO DI ASSUMERE MEDICINALI SENZA IL CONTROLLO
DEL MEDICO.

PARTENDO DALLA SEGUENTE CLASSIFICA DEI FARMACI PIÙ
VENDUTI IN ITALIA NEL 1999, ANALIZZA LE PAROLE CHE
DEFINISCONO LA CARATTERISTICA DEI FARMACI STESSI,
E CERCA DI SPIEGARLI IN MODO PIÙ SEMPLICE.

TAVOR	Ansiolitico
ASPIRINA	Antipiretico, antinfiammatorio antidolorifico
AULIN	Analgesico, antinfiammatorio
TACHIPIRINA	Analgesico, antipiretico
ENAPREN	Antipertensivo
ENTEROGERMINA	Regolatore intestinale
VOLTAREN	Antidolorifico, antinfiammatorio
LASIX	Diuretico
LEXOTAN	Ansiolitico
LANOXIN	Antiaritmico cardiaco

(Su dati IMS-Health 1999)

Pericolo
Non giocare con le medicine

Attenzione ai bambini
Non tenere le medicine
a portata dei bambini

Divieto di sorpasso
Non superare le dosi consigliate,
usare il farmaco correttamente

Attenzione
Controllare sempre la scadenza
conservare i farmaci in luogo adatto
Rispettare la temperatura di conservazione

Velocità limitata
Non abusare delle medicine

Divieto di accesso
Il farmaco del vicino
non è buono per tutti

SOS Il farmacista
Una guida sicura per la salute

L'autoterapia
non è un gioco di società!
Il farmaco da banco
è comunque un medicinale!
Il medicinale
non è sempre privo di rischi!
non è un bene di consumo!

CONSULTA IL TUO FARMACISTA

Es. Ansiolitico è un farmaco che ha l'effetto
di calmare l'ansia e gli stati d'angoscia (segue classifica)

1	6 ....
2	7 ....
3	8 ....
4	9 ....
5	10 ....

3° MOVIMENTO   Attività ludica o giocoterapia 1

A) Chiedi al tuo compagno di scegliere 5 numeri dall'1 al 12 sulla ruota e fai le domande che corrispondano ai numeri che il tuo compagno ha scelto.

B) Scegli 5 domande da fare al tuo compagno.

FAI LE DOMANDE E CHIEDI LE
RISPOSTE AL TUO COMPAGNO.
POI RIPORTA LE RISPOSTE AL GRUPPO.

HAI MAI PENSATO…

3 di scrivere un libro
4 di andare sulla luna
5 di fare uno sport pericoloso
6 di entrare in politica
8 di diventare vegetariano
12 di cambiare lavoro
11 di smettere di fumare
10 di andare a lavorare all'estero
9 dove sarai tra 10 anni
7 di diventare insegnante
5 di cambiare casa
12 di viaggiare per il mondo

Attività ludica o giocoterapia 2

NON TI SENTI MOLTO BENE. DESCRIVI I TUOI SINTOMI ALLA CLASSE IN MODO DA FAR CAPIRE DI CHE COSA SOFFRI, DOPO AVER PRESO DALL'INSEGNANTE UNA CARTA IN CUI SONO DESCRITTI I SINTOMI DELLA MALATTIA. ASCOLTA POI, I CONSIGLI CHE TI VERRANNO DATI.

4° MOVIMENTO

LEGGI LA PUBBLICITÀ DELLA **BIOOSTERIA**:

al Casale Podere Rosa
la BioOsteria
cucina casareccia
sala da te', bar
con alimenti e bevande
dell'agricoltura biologica
e del commercio equosolidale

centro sociale CASALE PODERE ROSA - ONLUS
Roma (zona Nomentano S.Basilio) via Diego Fabbri (angolo via A. De Stefani)
tel. 06.8271545 fax 06.8270876 email: casalepodererosa@freeweb.org
web: http://casalepodererosa.freeweb.org

La BioOsteria è un progetto di lavoro e di informazione a cui il Casale Podere Rosa lavora da diversi anni: si tratta di un luogo di ricerca, di riflessione, di informazione e di proposte sull'alimentazione naturale e biologica, dove si possono mangiare cibi sani e naturali, provenienti esclusivamente dall'agricoltura biologica e dal commercio equo e solidale. La nostra scelta vuole stimolare una riflessione sulla possibilità concreta di cambiamento degli "stili di vita", dimostrando che è possibile mangiare "sano" con prezzi accessibili.

Oggi la preoccupazione per l'ambiente naturale, per l'inquinamento, per i problemi relativi alla qualità della vita in relazione alla natura, sono di fondamentale importanza. Ma non sono da sottovalutare i problemi legati all'alimentazione, strettamente dipendenti dalla natura, dalle verdure che si coltivano e dagli animali che si allevano. Ultimamente si parla di cibi transgenici, di nuovi prodotti alimentari che potrebbero essere la soluzione ideale, nonché potrebbero costituire lo stimolo a voler prodotti integri e duraturi. Ma quale sarà l'impatto sull'uomo?

ESPONI IL TUO PENSIERO AL RIGUARDO, PRENDENDO SPUNTO DALLA PUBBLICITÀ DELLA BIOOSTERIA E FACENDO CONFRONTI CON LA SITUAZIONE E LE TENDENZE NEL TUO PAESE.

FINALE – PRODUZIONE SCRITTA

1) Inventa un dialogo tra un cetriolo transgenico e una patata americana.

2) Crea una scheda, con segnali stradali o altri simboli, per indicare ai turisti le cose da fare e da non fare quando vengono a visitare il tuo paese.

Devi dare consigli su: dove alloggiare - dove mangiare cibi locali - dove comprare souvenir - quali sono i posti da vedere - come arrivare a un posto interessante - quali libri leggere nella tua lingua

2001 e adesso cambia tutto

PRELUDIO

1) Alle soglie del terzo millennio, dal mattino alla sera, che cosa c'è di più utile, divertente, interessante, intrigante, piacevole del telefonino?

2) L'uso dei numerosissimi mezzi di comunicazione sta dominando la vita e il pensiero dell'uomo moderno. Esprimi un tuo commento.

3) L'uomo che si è fatto da solo, adesso non è niente senza la tecnologia di cui dispone?

4) Il futuro è già presente nella vita quotidiana?

"Troppo telefonino fa male" E come per le sigarette scatta l'avviso ai clienti

Di Simone Boldi
"La Nazione" martedì 28 novembre 2000

Non si arriverà, almeno per ora, a scritte 'terroristiche' sulle confezioni come sui pacchetti di sigarette. Ma l'avvertenza è chiara: usare troppo il cellulare può far male, specialmente ai bambini. E' il primo allarme ufficiale sugli ipotetici rischi dei telefonini. La novità riguarda la Gran Bretagna: per Natale, il ministero della Sanità di Sua Maestà distribuirà un volantino – in ogni confezione di cellulari in vendita – che informerà di studi in corso sull'eventuale pericolosità delle radiazioni emesse dai portatili, consiglierà ai giovani di non eccedere in telefonate lunghe e indicherà un tempo massimo di uso giornaliero. E in Italia, Codacons e Wwf affilano già le armi. I primi ricordano il regolamento ministeriale del '95 che impone di usare il portatile a 20 centimetri dall'orecchio; i secondi chiedono al ministro della Sanità, Umberto Veronesi, di fare un regalo di Natale, ai cittadini, imponendo avvertenze su scatole e 'gusci' dei portatili: "Nuoce gravemente alla salute". AN invita Veronesi "a seguire l'esempio del collega britannico", e il Codacons afferma: "Noi chiediamo da mesi un intervento analogo: Veronesi non ci ha mai risposto". In Gran Bretagna gli utenti sono 25 milioni, e ogni giorno si vendono 40.000 apparecchi. Un quarto degli utenti sono ragazzini. […] Mister Hedman, portavoce Nokia, annuncia provocatorio che non avrebbe problemi a far usare tutto il giorno il cellulare ai suoi figli di 10 e 8 anni. Ma è recente la decisione della Disney di non prestare i propri personaggi per decorare o pubblicizzare i telefonini, fino a quando la scienza non dirà una parola più chiara sull'argomento cellulare - bambini […]
L'università di Warwick indica in perdita di memoria, mal di testa e insonnia i disturbi ai quali va incontro chi abusa del portatile. E i bambini sarebbero particolarmente esposti alle radiazioni a bassa intensità. Che fare? Spaventarsi o far finta di nulla? Molti, in Gran Bretagna come altrove, in attesa di dati inconfutabili si rifugiano nel vecchio, sano buon senso: sì al telefonino, ma con giudizio.

TECNOLOGIE Qualità della vita

"La tecnologia mobile cambierà in meglio la nostra vita" dice Frank Nuovo, vicepresidente e 'chief designer' di Nokia Design. " I cellulari dell'ultima generazione, gli Umts, oltre a funzionare come computer e ad aiutarci in mille incombenze pratiche – prenotare un ristorante, mandare un mazzo di fiori, controllare il conto in banca, dirci dov'è l'outlet più vicino dove fare acquisti, programmare con maggior flessibilità la giornata – ci permetteranno di visualizzare le persone con cui ci metteremo in contatto: vedremo, se lo vorremo, le espressioni del volto, le reazioni emotive degli altri. Sarà come essere faccia a faccia. I rapporti saranno più caldi e spontanei: ritorneremo a relazioni più umane, più somiglianti a quelle vive nei piccoli villaggi del passato. [...] In dieci anni il mondo sarà cambiato".

1° MOVIMENTO – ATTIVITÀ

LEGGI ATTENTAMENTE I BRANI TRATTI DA "LA NAZIONE" E "DONNA": IL PRIMO ARTICOLO ESPRIME UNA OPINIONE DIVERSA DAL SECONDO. SAPRESTI RIASSUMERE LE DUE DIVERSE POSIZIONI, AGGIUNGENDO ANCHE LA TUA, SULL'USO DEL TELEFONINO, SULLE SUE POSSIBILITÀ E FUNZIONI, SUL SUO VALORE, SULLE SUE CARATTERISTICHE, SULLE SUE QUALITÀ E I SUOI DIFETTI?

Individua le parole-chiave di ogni articolo; seguendo il loro ordine, usale per esprimere la tua opinione.

2° MOVIMENTO

Cerca alcuni sinonimi dei seguenti aggettivi e poi alcuni contrari:

> *Mobile, pratico, flessibile, caldo, spontaneo, umano, potente, importante, virtuale. eventuale, giornaliero, inconfutabile, ipotetico, terroristico, nocivo.*

SCENARI Relazioni più calde

"La gente è più potente della tecnologia. E' vero, il telefonino ci costringe a portarci appresso la nostra reperibilità, ma sappiamo come difendercene. La privacy anglosassone non è più così importante: se prima ci si chiudeva in casa a telefonare, adesso la gente racconta in piazza i fatti propri. E' come se portatili e nuove tecnologie stessero dando al mondo una specie di napoletanità".

Franco La Cecla, antropologo

Di Minnie Gastel da *Donna*, Rusconi, Milano, n.12/1, Dicembre 2000/ Gennaio 2001, p.32

COMPLETA IL TESTO SEGUENTE CON LE PAROLE ELENCATE TRA PARENTESI:

Passare una vita al cellulare .... non è così difficile.
Dalla .... alla sera il .... amico ci segue e
.... tiene compagnia con infinite ....
La prima della .... è la sveglia, ... , per continuare
con i vari .... di lavoro o a casa, ... con Internet
per controllare le .... in Borsa, per fare la .... , per
decidere quale .... fare alla mamma. Ma tutto questo come si
.... prima dell'invenzione del cellulare?
Che vita .... facevamo prima, c'era di che .... !
Oggi possiamo .... fortunati ad avere un amico che ci è così
.... , notte e giorno, forse l'unico amico che ci ....

> *Ritenerci, giornata, quotazioni, faceva, misera, vicino, rimane, vergognarsi, oggi, fedele, ci,*
> *mattina, possibilità, ovviamente, collegamenti, impegni, spesa, regalo.*

3° MOVIMENTO
SVILUPPO

GUARDA LE
IMMAGINI DEI DIVERSI TIPI
DI CELLULARI E
DESCRIVILE.

INDICA QUALE DI QUESTI
TELEFONINI
SCEGLIERESTI E PERCHÉ
(considera il tuo tipo
di vita, di attività
lavorativa,
i tuoi gusti
personali,
le tue preferenze
di colore, ecc)

IMMAGINA, INSIEME AD
UN TUO COMPAGNO,
UNA TELEFONATA
"NECESSARIA"
E UNA "NON
NECESSARIA".
PROPONI POI
ALLA CLASSE QUESTE
CONVERSAZIONI
COSTRUITE.

4° MOVIMENTO

DISCUTI LE SEGUENTI AFFERMAZIONI:

1) Nella società odierna la gente soffre di solitudine. Per questo il telefonino ha preso il posto del "vecchio" amico o del confidente, per far sentire la gente meno sola.

2) Se non ci fossero i mezzi di comunicazione, che rendono il mondo un villaggio globale, non potremmo sapere in tempo reale tutto ciò che succede dall'altra parte dell'oceano, e nemmeno dietro l'angolo. Saremmo come tanti Robinson Crusoe, che si preoccupano solo di sopravvivere e non di vivere.

RISPONDI ALLE SEGUENTI DOMANDE, SECONDO LA TUA OPINIONE:

Se potesse venirvi esaudito un desiderio, quale vorreste che fosse?
Se vi fosse concesso di possedere un'abilità sovrannaturale, quale desiderereste?
Se poteste cambiare in modo permanente una sola cosa del vostro aspetto fisico,
che cosa cambiereste?
Se rimaneste bloccati per sempre su un'isola deserta con un unico libro da leggere,
quale ne sarebbe il titolo?
Se in questo momento poteste ricevere un pacchetto regalo,
da chi vorreste che provenisse e che cosa ci dovrebbe essere nel suo interno?
Se poteste acquisire fama immortale, per quale motivo vorreste essere ricordati dai posteri?
Se doveste scegliere il colore che vi descrive nel modo più preciso, quale sarebbe?
Se doveste dipingere tutta la vostra casa, dentro e fuori, di un unico colore diverso dal bianco,
che tinta scegliereste?
Se la vostra casa venisse completamente distrutta da un incendio e vi fosse consentito di salvare
un unico oggetto, quale sarebbe?
Se vi venisse concessa un'ora per spendere una quantità illimitata di denaro in un qualunque
negozio del mondo, quale negozio sarebbe?
Se poteste inventare qualcosa che attualmente non esiste, che cosa indichereste?

Dal libro di Evelyn McFarlane e James Saywell *"Se..." (Il gioco delle domande)*, Milano, ed. Armenia, 1996 pp. 9, 10, 13, 17, 18, 22, 29, 30, 38, 51.

FINALE – PRODUZIONE SCRITTA

Quali sono, secondo te, altre espressioni della vita moderna che ti fanno pensare ad una imposizione, ad una sottomissione dell'uomo a falsi poteri?
Esprimi una tua opinione scritta (fino ad un massimo di 200 parole) e poi discutine in classe dopo averla letta ad alta voce.

UNITÀ 7

Il country diventa di lusso

PRELUDIO

1) Campagna o città: prima casa in città e seconda in campagna, o prima e unica casa in campagna?

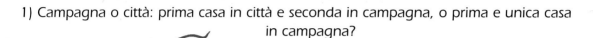

2) E' possibile, nel mondo moderno, conciliare il ritmo frenetico della città con le aspirazioni e il desiderio di pace e di natura?

3) La tendenza al ritorno in campagna è solo un desiderio egoistico di ritorno alla natura e alla pace, oppure nasconde un reale interesse a migliorare la qualità della propria vita e una coscienza ecologica?

4) Conosciamo veramente la natura?
Pensi che si faccia il possibile per non peggiorare la situazione ambientale e per rimediare agli sbagli dell'uomo nei confronti della natura?

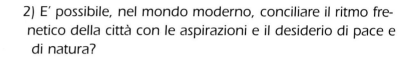

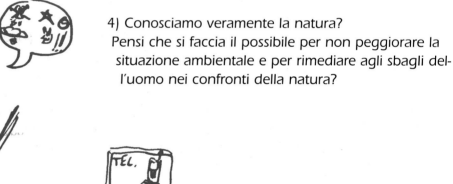

1° MOVIMENTO – ATTIVITÀ

LEGGI IL SEGUENTE ARTICOLO DEL "CORRIERE DELLA SERA" DEL 29 NOVEMBRE 2000.

Il country diventa di lusso e seduce l'Italia. Dalle porcellane alla piscina ecologica.

Così lo stile di campagna batte le comodità di città

[...] Torna di moda la campagna, da vivere però in modo niente affatto campagnolo: il *country stile* italiano ha metabolizzato la raffinatezza anglosassone e l'ha condita con una spruzzata di ambientalismo e coscienza ecologica. Ne è venuta fuori una filosofia fatta di ritmi lenti e stufe a legna canadesi in acciaio smaltato, cibi genuini e servizi di porcellana decorata a mano. E' una campagna a cinque stelle quella che ha stregato gli italiani, al punto da convincere mezzo milione di persone, negli ultimi dieci anni, a lasciare la città per trasferirsi in luoghi un po' più verdi [...]

Stile di vita. Vietato generalizzare: il *country* è un mondo dalle mille sfaccettature. *Country* è collezionare rose inglesi in giardino o scegliere il vaso giusto da abbinare alla pianta giusta sul terrazzino di casa [...]

E' sperimentare materiali nuovi e insieme antichi, come le canne di bambù, tagliate e "stirate", per il pavimento del bagno e della cucina [...]

Effetto lago Tramontata la classica piscina, troppo snob e per niente rispettosa dell'ambiente, l'ultima tendenza nelle case *country* è la piscina fitodepurata, una specie di laghetto con tanto di piante acquatiche che depurano l'acqua senza bisogno di cloro [...] E' a ciclo chiuso, così non richiede il ricambio dell'acqua, evitando gli sprechi [...]

Il barbour E' la giacca *country* per eccellenza. Nel film britannico *"Quattro matrimoni e un funerale"*, di Mike Newell, non appena si accenna a una passeggiata in campagna, eccola che sbuca fuori, addosso all'uno o all'altro personaggio. E' sinonimo di comodità, piace al nonno e al nipotino, ha uno stile molto *british*, che piace tanto al campagnolo di casa nostra [...]

A tavola Dimenticate i ristoranti tex-mex, a metà fra la cucina messicana e quella texana. Il *country* in cucina è l'esaltazione dei prodotti freschi della campagna, "Piatti poveri – dice lo chef Maurizio Guidotti –impreziositi dalle decorazioni" [...] A fare la differenza, oltre alla genuinità dei cibi, è la decorazione: piccoli trucchi faranno trionfare il piatto [...]

Daniela Monti

VERO O FALSO?

	Vero	Falso
1) Gli italiani stanno tornando agli alberghi a cinque stelle.		☑
2) Negli ultimi dieci anni sono tornati alla campagna un milione e mezzo di persone		☑
3) La piscina tradizionale richiede il ricambio dell'acqua	☑	
4) Il barbour è un capo di abbigliamento rivestito di pelliccia		☑
5) Per decorare i cibi genuini occorrono gusto e fantasia	☐	☐
6) Il ritorno alla campagna segna una tendenza alla nuova coscienza ecologica degli italiani	☑	
7) La cucina texana è country.	☐	☐
8) Le canne di bambù vengono usate per fare pavimenti.	☐	☐

■ andante con brio

2° MOVIMENTO – SVILUPPO

COMPLETA IL TESTO SEGUENTE
CON LE PAROLE ADATTE
SCEGLIENDOLE TRA LE COPPIE DI
PAROLE PROPOSTE TRA PARENTESI:

Ricrearsi un piccolo ambiente
……fatto……… a misura d'uomo,
……ritagliarsi………
un fazzoletto di terra in campagna
è l'ultima …tendenza… degli italiani.
Per …sfuggire…… alla frenesia
della vita di …città, si torna
alla campagna in modo più
…ecologico, più anglosassone
che mai.
Si cerca ancora la …PACE……,
la tranquillità, ma si vuole abbinare
ad esse …anche… un tocco di …CLASSE……,
un gusto estetico che in fondo è una nuova
……filosofia
La filosofia del piacere, dello star bene in mezzo
a cose naturali, in …compagnia
di oggetti e cose, nuove e vecchie,
ma sempre ………………

(nota a margine: SMALL PLOT)

> Tendenza/vocazione, città/cittadella,
> ecologico/ambientalista, fatto/creato,
> sfuggire/far fronte, pace/armonia,
> ritagliarsi/tagliare, classe/ordine,
> compagnia/società, anche/addirittura,
> filosofia/metafisica, ecologiche /naturali.

TROVA IL MAGGIOR NUMERO DI PAROLE
(TRA VERBI, AGGETTIVI E SOSTANTIVI) DA ABBINARE
A CITTA' E ALTRETTANTE DA ABBINARE A CAMPAGNA.

COSA TI FANNO VENIRE IN MENTE LA CITTÀ
E LA CAMPAGNA?

GUARDANDO LE FOTO IN ALTO, ESPRIMI IL TUO PENSIERO E LE TUE SENSAZIONI DI FRONTE
A UN BEL PAESAGGIO RURALE, A UN PAESAGGIO COLLINARE, A UNA PIAZZA PIENA DI
COSTRUZIONI, A UNA CITTÀ ANTICA, A UNA MODERNA.

3° MOVIMENTO

ELENCA I VANTAGGI E GLI SVANTAGGI DI VIVERE IN CAMPAGNA E IN CITTÀ
COMUNICA POI ALLA CLASSE IL RISULTATO DELLA RICERCA.

DAL TESTO DELL'ARTICOLO DEL PRIMO MOVIMENTO, CHE COSA PUOI DEDURRE PER QUANTO
RIGUARDA LE NUOVE TENDENZE DEGLI ITALIANI IN FATTO DI ABITAZIONI E DI NATURA?
QUAL E' LA SITUAZIONE NEL TUO PAESE?

4° MOVIMENTO

REINSERISCI NEL TESTO SEGUENTE LE PAROLE SOTTO ELENCATE:

Se non si comincia a far conoscere la .... agli uomini, fin da bambini, si
.... di sentire affermazioni del ....:" Le arance .... nel
Regno Unito, il cotone cresce .... pecore". Un sondaggio realizzato dal Consiglio
.... dei giovani agricoltori sorprende con i suoi ....: il mondo agricolo
non è amato .... dai bambini di età compresa tra 9 e 10 anni, solo il 10 per cento dei
2.400 .... vorrebbe diventare agricoltore in .... I più ....
alla professione sono i bambini finlandesi (29 per cento), mentre per un bambino italiano
.... quattro la figura dell'agricoltore è descritta .... non amichevole.
Tra quelli che immaginano di poter .... agricoltore, sono soprattutto le bambine che
.... farebbero perché a loro piace lavorare con gli animali e le ....
L'agriturismo è la carta in .... del mondo agricolo, perché ....
all'introduzione di questo nuovo .... di fare vacanza si possono avvicinare i bambini
.... campagna.

Liberamente tratto da un articolo di Giorgio Vincenzi in Famiglia Cristiana, n.34/2000

> *Crescono, natura, sulle, risultati, rischia, affatto, intervistati, futuro, diventare, piante, alla, su, come, più, inclini, genere, lo, europeo, grazie, modo.*

FINALE – PRODUZIONE SCRITTA

1) Conosci la favola del topo di città e del topo di campagna o di qualche altra favola o leggenda
sul rapporto città-campagna?
Se la risposta è sì, prova a raccontarla con parole tue; poi prova a spiegarla in termini moderni,
facendo un confronto tra la vita di città e la vita di campagna (in non più di 200 parole).

2) Inventa uno spot pubblicitario che stimoli e allo stesso tempo sensibilizzi la gente alla conoscenza
e al rispetto della natura.

3) Che cosa pensi che voglia dire:" La natura ha il proprio modo di controllarsi?".
Fa' un tuo commento scritto (usando fino ad un massimo di 200 parole).

UNITÀ 8

LA MIA CITTA'

PRELUDIO

1) Ci sono città grandi e piccole, antiche e moderne, sviluppate e meno sviluppate,
   ma per quanto sia, la città dove si è nati è sempre la più bella.
   Condividi questa affermazione?
2) La posizione geografica, nonché l'importanza politica ed economica di una città,
   determinano il carattere dei suoi abitanti, o sono insignificanti ai fini di una
   precisa individualità caratteriale?
3) Quali sono i vantaggi di vivere in città e quali gli svantaggi?

1° MOVIMENTO – ATTIVITÀ

LEGGI CON ATTENZIONE LA SEGUENTE PAGINA
CHE PRESENTA LA CITTÀ DI PERUGIA NELLE SUE
PRINCIPALI CARATTERISTICHE:

Vi presento la mia città, Perugia

Perugia è situata a 493 metri d'altezza sopra alcuni colli
che degradano dolcemente verso la valle del Tevere.
Amministrativamente è il capoluogo di provincia e di regione. Attivo centro economico, sia in campo agricolo che industriale e commerciale, Perugia è anche meta di un turismo estremamente qualificato. La di-
slocazione di Perugia sull'asse di collegamento tra Adriatico e Tirreno ha garantito nei secoli alla città una
rilevante importanza strategica ed economica. Non è un caso che le fonti antiche pongano Perugia sullo
stesso piano di Siena e di Firenze. Potenza e ricchezza della città sono riflesse nei suoi monumenti, segno
tangibile di un passato denso di storia. L'antico assetto urbano è caratterizzato da un nucleo di origine
etrusca, racchiuso da una cinta muraria di travertino, a sua volta circoscritta da una cerchia fortificata di
epoca medievale (sec. XIV) fatta costruire per proteggere i cinque borghi edificati sulle dorsali dell'altura.
Questo ampliamento ha conferito alla città una conformazione stellare efficacemente paragonata da Leon
Battista Alberti (sec. XV) alle dita di una mano. Le numerose testimonianze monumentali del centro storico emergono da un fitto tessuto urbano caratterizzato da suggestive e silenziose piazzette, da viuzze stret-
te e tortuose e da scalinate che serpeggiano tra le pareti delle case raccordando i vari dislivelli. Immersa
in questi splendidi ricordi, Perugia vive i ritmi della società contemporanea conservando però, un clima
di piacevole tranquillità. La presenza di due università, quella per stranieri e quella per italiani, conferisce
alla città un ruolo vitale e culturalmente dinamico. Diverse e importanti sono anche le manifestazioni musicali e teatrali che vi si tengono.

Dalla Presentazione di Perugia *Guida storico-artistica*, ed. ITALCARDS, Bologna, p.2.

Curiosità: Lo sapete come vengono denominate le vie della nostra città e con quale criterio vengono scelti i nomi? È un' apposita commissione a "battezzare" tutte le vie cittadine, a volte dedicando un'intera area ad un unico tema (ad es. i filosofi, i fiori, ecc.), altre volte riferendosi alle particolarità geografiche. Il sindaco, insieme ai membri della commissione, ha questa facoltà dai primi anni del'60. In quegli anni infatti, lo Stato si riappropriò della toponomastica sottraendo la prerogativa alle parrocchie. Nel passato invece, ogni area prendeva il nome dalla parrocchia ed i numeri civici venivano assegnati " a cerchi concentrici" man mano che ci si allontanava dalla chiesa che rappresentava l'epicentro. Oggi ciascuna Circoscrizione, ma anche ogni singolo cittadino, può attivarsi presso la commissione per denominare una via, avanzando suggerimenti. La commissione toponomastica esamina e decide e, dopo l'approvazione da parte della giunta comunale e il nulla osta della Deputazione di Storia Patria, si procede all'apposizione della targa nella via.

Da *Notizie Perugia*, novembre 2000 Perugia

Nel centro storico di Perugia, ci sono antiche vie e stradine che hanno nomi particolari.
Questo deriva dalle tradizioni e dalle attività degli etruschi e degli uomini medievali che si svolgevano proprio in quelle vie.
Guardando le foto di alcune vie di Perugia, come sono oggi, indovina a che cosa devono il loro nome **1) Via dello Struzzo, 2) Via Volta della Pace, 3) Via della Sposa, 4) Via della Gabbia**

Facendo la funzione del sindaco e della commissione per la toponomastica, inventa anche tu alcuni nomi per le vie che conosci meglio di Perugia. Trova poi, anche per la tua città, i nomi delle vie più particolari per motivi storici o per tradizioni, e illustrali alla classe. Inventa altri nomi originali a seconda delle attività principali che vengono svolte in quelle vie.

La **Fontana Maggiore** fu costruita in un anno, dal 1277 al 1278, per inaugurare il grande acquedotto che portava l'acqua al centro della città. Posta al centro fra il **Palazzo dei Priori** e il **Duomo**, costituisce il monumento al quale i perugini hanno consegnato la loro storia, sia sacra che laica. Nel 1999,

dopo anni di lavori di restauro in cui la fontana è rimasta coperta da una campana di vetro, con un concorso indetto fra tutti i bambini e le bambine della città, la Fontana è stata scelta quale simbolo di Perugia "Città amica dei bambini e delle bambine".

Ci sono nella tua città o nel tuo paese manifestazioni promosse dal Comune che mirano a far conoscere meglio la città ai suoi abitanti, a far apprezzare i valori e le tradizioni antiche, a far "vivere" la città più da vicino?

2° MOVIMENTO – SVILUPPO

Leggi questo brano che parla di una particolarità architettonica della città di Napoli che si riflette poi nel sociale:

"Se per abitazione intendi amore, famiglia, tribù, amicizia, e allora possiamo trovare nel basso qualcosa che al sesto piano incomincia a scarseggiare. [...] Avevo un amico a Torino che un giorno mi disse:" ma come sarebbe bello [...] se potessimo abitare tutti insieme, tutti vicini, tutti in un vicolo solo: io in un basso e tu in quello affianco, e poi appresso al tuo ci sarebbe il basso di Peppino, e poi quello di Federico, e poi quello di Giovanni. Invece per colpa della vita, io sono finito a Torino, tu a Napoli, Peppino a Parigi, Federico a Roma, Mimì a La Spezia, e Giovanni a Milano. Dimmi tu come ci possiamo parlare".

[...] A volte anche le grandi città, quelle che per attraversarle ci metti un'ora e mezza, sono capaci di allontanarti due amici per sempre. Nella vita del vicolo invece queste cose non succedono".

"Io conosco il fratello del nostro cozzicaro[1] di fiducia che vive in un basso di vico Pace a Forcella" dice Salvatore. "L'altro giorno mi ha raccontato che aveva tenuto per tre giorni il televisore con l'audio *scassato* e che nessuno della famiglia se n'era accorto. Avevano sentito con l'audio degli altri!"."Avete capito?" dice raggiante il professore. "Avevano sentito con l'audio degli altri! Insomma nella vita del basso il problema del "che cosa faccio stasera" non esiste più. Le opportunità si affacciano da sole sulla porta aperta del basso napoletano. Non c'è Privacy, però non c'è nemmeno il malato che resta solo. [...] Nel basso un vecchio non può rimanere solo, nel basso un bambino tiene sempre un amico con cui mettersi a giocare. In pratica è come quando si sta in crociera; ognuno ha una cabina sua, però poi ci si incontra tutti sul ponte a parlare".

Tratto da *Così parlò Bellavista* di Luciano De Crescenzo, (pp.106-108) Milano. Mondadori, 1978,

[1] venditore di cozze

DOPO LA LETTURA DEL BRANO, SAI SPIEGARE IL SIGNIFICATO DELLA PAROLA "BASSO"?

DOVE SI TROVA IL "BASSO" E CHE CARATTERISTICHE HA?

QUALE INFLUENZA HA IL "BASSO" NELLA VITA SOCIALE DEI NAPOLETANI?

SECONDO TE, IL "BASSO" HA VALORE NELLA VITA MODERNA?

PROVA A DESCRIVERE LE CARATTERISTICHE DELLA TUA CITTÀ E QUALI VALORI POSSONO ESPRIMERE PER LA VITA MODERNA.

3° MOVIMENTO

FAI UNA PRESENTAZIONE DELLA TUA CITTÀ, ANCHE CON L'AIUTO DI QUALCHE GUIDA, SEGUENDO L'ESEMPIO DELLA CITTÀ DI PERUGIA.

Ricorda che devi sempre invogliare chi legge a visitare la tua città, devi cercare quindi di far "sognare ad occhi aperti" i lettori in modo che una delle prossime tappe dei loro viaggi sia proprio la tua città. Porta in primo piano elementi caratteristici ma anche desiderabili del posto, mettendo in evidenza i monumenti-simbolo o le manifestazioni artistiche o sportive o di altro genere che rendono unica la tua città.

4° MOVIMENTO

COME DEVE ESSERE LA CITTÀ IDEALE?

LA TUA CITTÀ PUÒ ESSERE DEFINITA IDEALE?

CHE COSA HA PER ESSERE DEFINITA COSÌ, E CHE COSA LE MANCA PERCHÉ POSSA ESSERE DEFINITA IDEALE?

INDICA QUAL È PER TE LA CITTÀ IDEALE.

FINALE – PRODUZIONE SCRITTA

1) Quale potrebbe essere, secondo te, uno slogan pubblicitario o un motto che attiri la gente a venire a visitare la tua città?

2) Nei tuoi viaggi per il mondo, hai conosciuto città molto diverse tra di loro.
Prova a descrivere, per scritto (con al massimo 200 parole), le differenze tra due città che ti hanno maggiormente colpito .

UNITÀ 9

Una donna di nome chitarra

PRELUDIO

1) Si può paragonare una donna ad una chitarra?
A quale altro strumento, secondo te, si può attribuire una caratteristica femminile?
E a quale una caratteristica maschile?

2) La musica è il sottofondo della vita.
La musica è vita. Tutto può essere musica, anche il canto degli uccelli o il pianto di un bambino.

Sei d'accordo con questa affermazione?

3) Tra le varie manifestazioni artistiche con cui l'uomo esprime i suoi sentimenti, quale secondo te è la più rappresentativa?

La lirica, il teatro,
i concerti,
la danza, la scultura,
la pittura, o altro?

1° MOVIMENTO – ATTIVITÀ

LEGGI IL SEGUENTE BRANO DAL TITOLO *UNA DONNA DI NOME CHITARRA* DEL POETA E CANTAUTORE BRASILIANO VINÍCIUS DE MORAES:

Un giorno, casualmente, dissi ad un amico che la chitarra era «la musica in forma di donna».[…] La chitarra è non solo la musica (con tutte le sue possibilità orchestrali latenti) in forma di donna, ma anche di tutti gli strumenti che si ispirarono alla forma femminile – viola, violino, mandolino, violoncello, contrabbasso – l'unico che rappresenta la donna ideale: né grande né piccola, di collo allungato, spalle rotonde e dolci, vita sottile ed anche piene, colta, ma senza ostentazione, riluttante ad esibirsi se non per mano di colui che ama; attenta ed obbediente all'amato, ma senza perdita di carattere e dignità, e, nell'intimità, tenera, sapiente e appassionata.

Ci sono donne-violino, donne-violoncello e persino donne-contrabbasso. Ma dato che si rifiutano di stabilire quell'intima relazione che la chitarra offre, dato che si negano ad abbandonarsi a cantare preferendo diventare oggetto di assoli o di parti orchestrali, dato che rispondono male al contatto delle dita per sentirsi vibrare, in beneficio di agenti eccitanti come archetti e plettri, saranno sempre messe da parte, alla fine, per la donna-chitarra, che un uomo può, sempre che voglia, tenere amorosamente tra le braccia e passarci ore di meraviglioso isolamento, senza necessità sia di posizioni poco cristiane, come accade coi violoncelli, sia di starle obbligatoriamente in piedi davanti, come accade coi contrabbassi. […]

Divino, delizioso strumento che si sposa così bene con l'amore e tutto ciò che, negli istanti più belli della natura, induce all'abbandono meraviglioso! E non è per niente che uno dei suoi più antichi progenitori si chiama viola d'amore, come a preannunciare il dolce fenomeno di tanti cuori quotidianamente feriti dall'accento melodioso delle sue corde … Persino nella maniera di essere suonato – contro il cuore – ricorda la donna che si accuccia tra le braccia del suo amato, e senza dirgli nulla, sembra supplicarlo con baci e carezze che la prenda tutta e la ami al di sopra di tutto, perché se no non potrà mai essere totalmente sua.

Si ponga in un cielo alto una Luna tranquilla. Richiede un contrabbasso? Giammai! Un violoncello? Forse […]. Un mandolino? Neanche per idea! Un mandolino, coi suoi tremolii, le disturberebbe l'estasi luminosa. E cosa chiede allora (direte) una Luna tranquilla in un cielo alto? E io vi risponderò: una chitarra. Poiché tra gli strumenti musicali creati dalla mano dell'uomo, solo la chitarra è capace di ascoltare e di capire la Luna.

Vinícius de Moraes, *Poesie e canzoni*, Vallecchi, Firenze, 1981, pp 144-145

Chitarra > Donna > Amore: quali altre relazioni di causa-effetto puoi trovare pensando ad altri strumenti?

CHITARRA : DONNA = X : UOMO

QUALE STRUMENTO SISTEMERESTI AL POSTO DELLA X PER COMPLETARE L'EQUIVALENZA? SPIEGA LE RAGIONI DELLA TUA SCELTA.

OSSERVANDO LE FOTOGRAFIE DI ALCUNI STRUMENTI MUSICALI, INDICA LE CARATTERISTICHE DI OGNUNO, FA' DEI PARAGONI RISPETTO ALLA LORO FORMA E ALLA LORO ESPRESSIVITÀ , INDICA INFINE RISPETTIVAMENTE LE LORO QUALITÀ MASCHILI E FEMMINILI.

Chitarra, pianoforte, arpa, violino.

2° MOVIMENTO – SVILUPPO

La musicalità della lingua.

La prima

     la prima cosa è il mio nome,

          la prima cosa è il
mio nome, la seconda quegli occhi,

        la prima cosa è il
mio nome, la seconda quegli occhi, la terza un pensiero, la quarta la notte che viene,

       la prima cosa è il mio
nome, la seconda quegli occhi, la terza un pensiero, la quarta la notte che viene, la quinta quei corpi straziati, la sesta è fame

       la prima cosa è il mio nome, la seconda quegli occhi, la terza un pensiero, la quarta la notte che viene, la quinta quei corpi straziati, la sesta è fame, la settima orrore, l'ottava i fantasmi della follia

       la prima cosa è il mio nome, la seconda quegli occhi, la terza un

A. BARICCO, *Oceano mare* Milano, BUR, 1999, p.110

INDICA QUALI SENSAZIONI HAI PROVATO DURANTE LA LETTURA DEL TESTO DI BARICCO.

LA RIPETIZIONE DI PAROLE, LA POSIZIONE STESSA DELLE PAROLE, TI FANNO VENIRE IN MENTE QUALCOSA DI PARTICOLARE?

DI FRONTE A QUALI ALTRE OPERE D'ARTE SI POSSONO PROVARE SENSAZIONI SIMILI A QUELLE CHE SI PROVANO ASCOLTANDO BRANI MUSICALI O LEGGENDO TESTI DI GRANDE MUSICALITÀ?

INDICA TESTI DI AUTORI DEL TUO PAESE CHE SECONDO TE ESPRIMANO NELLA TUA LINGUA UNA CERTA MUSICALITÀ.

3° MOVIMENTO – SVILUPPO

Inserisci nella tabella sottostante i seguenti sostantivi a seconda del campo semantico di appartenenza e da' un nome alla testata:

Danza – balletto – lirica – prosa – poesia – palco – platea – concerto – quinte – scenario
sipario – palcoscenico – loggione – musical – truccatore – suggeritore – coreografo

FINALE – PRODUZIONE SCRITTA

1) Chi è secondo te la donna/l'uomo ideale?
   Indica qualità e caratteristiche che deve possedere la donna/l'uomo ideale.

2) Esiste nella realtà la donna/l'uomo ideale?
   Tu l'hai mai incontrata/o?

28 STADIO DEI MARMI

27 S. M. in TRASTEVERE

20 PANTHEON

19 P.zza NAVONA

18 SAN PIETRO

17 CASTEL SANT'ANGELO

16 PALAZZO DI GIUSTIZIA

21 ISOLA TIBERINA

22 P.zza DELLA VERITA'

26 EUR

25 SAN PAOLO

24 PORTA S. PAOLO

23 TERME DI CARACALLA

IL GIOCO DI ROMA

Da un'idea di Hermine Jakobs-Ferstl

La storia di Roma ha un significato che va oltre i limiti della città. Roma è una città affascinante che si concede solo a chi ha la pazienza di perdersi nelle sue strade, magari al tramonto quando si alza il Ponentino, il vento fresco che soffia dal mare. Allora, siete dei nostri? Pronti? Chi arriverà per primo allo Stadio dei Marmi? *Via!*

<u>ATTENZIONE!</u> Per finire, bisogna realizzare il numero esatto, altrimenti si resta fermi al proprio posto.

1. Il vostro giro inizia nella vastissima Piazza dei Cinquecento in cui si trova la Stazione Termini che i romani chiamano "il dinosauro". **Fermatevi per un turno. Godete della vivacità della piazza.**

2. Piazza della Repubblica un tempo si chiamava "dell'Esedra" perché occupa l'area dell'esedra delle Terme di Diocleziano (le più grandi di Roma). Al centro della piazza c'è la **fontana delle Naiadi. C'è troppo movimento in questa zona, sbrigatevi, andate subito al Colosseo (6).**

3. S. Maria Maggiore, fra le cinque basiliche patriarcali, è quella che meglio ha conservato la sua antica struttura. **Fermatevi per un turno nella piazza davanti alla costruzione a contemplare l'alta colonna che proviene dalla Basilica di Costantino. Se giocate di sabato, rilassatevi, non correte, fermatevi per un turno sotto i portici della basilica. Non ve ne pentirete.**

4. Porta Maggiore non è nata per essere una vera porta, ma il sostegno di ben due acquedotti. Se guardate bene, potete vedere dove, anticamente, correva l'acqua. **Roma vi piace sempre di più, vero? Siete impazienti di vedere le sue bellezze? Passate direttamente in Piazza di Spagna (13).**

5. Fate attenzione perché pochi sanno che San Giovanni in Laterano è la cattedrale di Roma. **Per visitare tutto, fermatevi per due turni.**

6. Il Colosseo è un monumento grandioso. Poteva contenere 50 mila spettatori. **Sapevate che qui non sono mai stati uccisi dei cristiani? No? Peccato. Tornate al numero 5.**

7. Per celebrare la propria vittoria, l'imperatore Costantino fece costruire un arco di trionfo detto, appunto, Arco di Costantino. A quei tempi, però, l'economia dell'Impero non era molto fiorente, e così l'imperatore ordinò di costruire l'arco prendendo pezzi di altri monumenti! **Interessante, vero? Proseguite!**

8. Non dimenticate che Roma si stende su sette colli. Per raggiungere la basilica di San Pietro in Vincoli è necessario salire una bella scalinata. Nella basilica si trova il celebre Mosè di Michelangelo. **Dove volete andare adesso? Non lo sapete? Andate all'ufficio informazioni turistiche che si trova di fronte al Colosseo. Tornate al numero 6.**

9. In Piazza Venezia spicca per il suo colore bianco il Vittoriano, il monumento dedicato al primo re d'Italia: Vittorio Emanuele II. Un'ampia scala porta all'ALTARE DELLA PATRIA. **Ma come? Oggi arrivano i vostri amici a Roma, l'avevate dimenticato? Tornate di corsa alla Stazione Termini! (1)**

10. Altre scale! Un altro colle. Il più importante: il Campidoglio. Era l'acropoli e il centro religioso della città antica, ma anche oggi è il cuore amministrativo di Roma. **La piazza è bellissima; fermatevi per un turno ad ammirarla.**

11. Dal colle più importante, passiamo a quello più alto: il Quirinale. Il Palazzo del Quirinale, residenza estiva dei papi, oggi è residenza ufficiale del Presidente della Repubblica. **Dovete assolutamente vedere tutto senza fretta. Fermatevi per due turni.**

12. Dite la verità, Roma è una città stupenda! Volete ritornarci? Allora gettate una monetina nella Fontana di Trevi. **Proseguite.**

13. Vi trovate adesso nella barocca Piazza di Spagna. Guardate che scenografia la scalinata di Trinità dei Monti! E quanti turisti! **Tirate il dado un'altra volta.**

14. Porta Pinciana si trova vicino ad uno dei più bei parchi pubblici di Roma: Villa Borghese. **Purtroppo, però, avete sbagliato strada e dovete ritornare al numero 5.**

15. Potete scendere, ora, verso P.zza del Popolo. Al centro della piazza si innalza un antichissimo obelisco. A proposito, sapevate che a Roma ci sono più obelischi che in Egitto? **Andate velocemente al numero 18.**

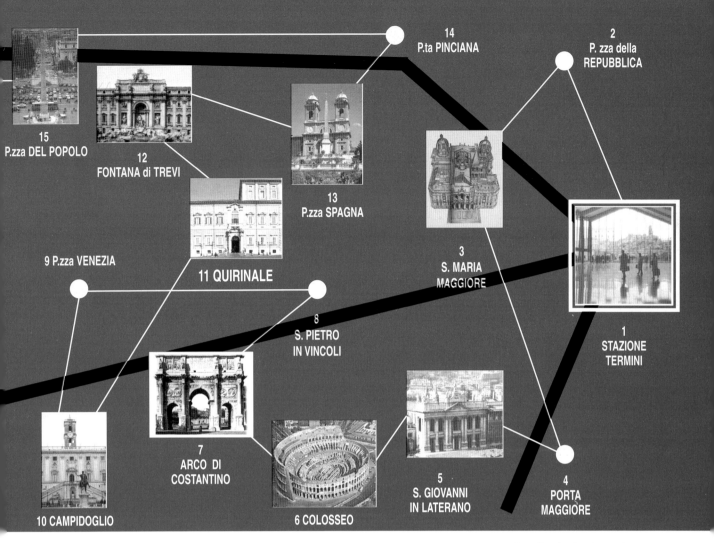

14
P.ta PINCIANA

2
P. zza della
REPUBBLICA

15
P.zza DEL POPOLO

12
FONTANA di TREVI

13
P.zza SPAGNA

3
S. MARIA
MAGGIORE

9 P.zza VENEZIA

11 QUIRINALE

8
S. PIETRO
IN VINCOLI

1
STAZIONE
TERMINI

7
ARCO DI
COSTANTINO

5
S. GIOVANNI
IN LATERANO

4
PORTA
MAGGIORE

10 CAMPIDOGLIO

6 COLOSSEO

16. Sul lungotevere si trova lo smisurato Palazzo di Giustizia che i romani chiamano "il palazzaccio". **Fermatevi per un turno.**

17. Vi attende adesso uno dei monumenti più singolari di Roma: il mausoleo dell'imperatore Adriano. Castel S. Angelo è stato per secoli il rifugio dei papi. Esso è, infatti, collegato ai Palazzi Vaticani per mezzo di un camminamento chiamato "passetto". **Dalla terrazza superiore il panorama è stupendo. Non rimanete incantati, però, tirate il dado un'altra volta.**

18. La Basilica di San Pietro si trova in una delle più monumentali piazze del mondo. La basilica porta l'impronta del genio di Michelangelo. E' sua l'idea della grandiosa cupola alta 132 metri. **Sono davvero troppe le cose da vedere; dovete fermarvi per due turni!**

19. Che forma strana ha questa piazza! Piazza Navona occupa, infatti, l'area dello Stadio di Domiziano. Al centro della piazza c'è la Fontana dei Fiumi di Bernini. Quanti turisti! E che viavai! **...e si; Roma vi piace. Volete tornarci ancora? Bene, indietreggiate fino alla Fontana di Trevi (12).**

20. Il Pantheon è il monumento meglio conservato dell'antichità classica. L'illuminazione interna è affidata a un grande occhio che si apre sul vertice della cupola. **Prosegui il gioco.**

21. L'Isola Tiberina è un luogo molto suggestivo. Qui è molto bello fermarsi a sentire la voce del Tevere e a dimenticare il gran movimento del centro. Gli antichi romani avevano dato all'isola la forma di una nave. **Fermatevi per un turno a riposarvi un po'.**

22. Nell'area di un foro commerciale si trova oggi Piazza Bocca della Verità. Secondo la tradizione popolare la maschera morderebbe la mano dei bugiardi. **Fate attenzione, allora, e passate al numero 24.**

23. I romani amavano l'acqua, i profumi e la ginnastica. Il pomeriggio era il momento dedicato ai piaceri del corpo. Le Terme di Caracalla erano le più belle di Roma. Oggi le rovine sono maestose e magiche. **Un consiglio: fermatevi per due turni, non ve ne pentirete!**

24. Porta San Paolo è l'antica **porta Ostiensis** e si apre nelle mura Aureliane. Accanto sorge la tomba, a forma di piramide, di un pretore romano. **Proseguite il vostro gioco.**

25. La Basilica di San Paolo fuori le Mura è, dopo San Pietro, la più vasta di Roma. Quello che oggi vedete è una ricostruzione dell'originale che, purtroppo, andò distrutto in un incendio nel 1823. **Basta camminare per adesso. Andate direttamente allo Stadio dei Marmi dove potrete pattinare (28).**

26. L'EUR è stato costruito per accogliere l'Esposizione Universale di Roma del 1942 che, a causa della guerra, non ebbe mai luogo. Il grande complesso è decisamente enfatico e monumentale, ma il gran numero di parchi, giardini e fontane lo rendono piacevole e arioso. Tra l'altro, qui ci sono alcune fra le migliori gelaterie di Roma, **quindi la sosta per un turno sarà senza dubbio gradita.**

27. Negozi, ristoranti tipici, pizzerie, librerie, aree archeologiche e locali notturni fanno di Trastevere uno dei quartieri più singolari della città. Nel cuore di Tastevere nella piazza omonima, animata ad ogni ora del giorno e della notte, sorge la basilica di Santa Maria in Trastevere. La basilica si trova nel punto in cui, secondo la leggenda, il giorno in cui nacque Gesù sgorgò uno zampillo d'olio. Questa è la prima chiesa di Roma aperta al culto.

28. Con un salto ci troviamo al capo opposto della città nell'area che una volta era detta "foro Mussolini". Questa è una zona riservata agli sport. Qui, infatti, si trovano piscine, vari impianti sportivi e lo stadio dove ogni domenica accorrono moltissimi tifosi. Suggestivo è lo Stadio dei Marmi con poderose statue "nude" che rappresentano le città italiane.

UNITÀ 10
L'ITALIANO MEDIO

→ AVERAGE

PRELUDIO

Noi italiani chi siamo? Come siamo? Generosi, sì. Cordiali, creativi e capaci di ridere, ma anche litigiosi, indisciplinati e, purtroppo, con poca educazione civile.

1° MOVIMENTO – ATTIVITÀ

SULLA BASE DELLE TUE OPINIONI, POTRESTI DEFINIRE "VERE", "FALSE" O "POSSIBILI" LE AFFERMAZIONI CHE SEGUONO?

- L'italiano medio non è molto interessato ai programmi radiofonici
- L'italiano medio, in genere, non è un grande risparmiatore *saving money*
- L'italiano medio è un po' pigro e per andare al lavoro si sveglia intorno alle 8 *lazy*
- L'animale più presente nelle case italiane è il pesce rosso
- Un italiano su tre beve vino ogni giorno *out of three*
- Generalmente la maggiornaza degli italiani non fa vacanze

2° MOVIMENTO

BEPPE RUSSO l'italiano medio

Le sue caratteristiche fisiche, le sue abitudini e i suoi gusti, secondo statistiche e sondaggi

La carta d'identità

Il nome più comune in Italia è Giuseppe Russo; l'altezza media è di 174 cm, l'età è 30-35 anni e il peso 70-72 kg. La durata media di vita di un uomo è di 74,9 anni. La maggior parte degli italiani ha gli occhi marroni e i capelli (tagliati corti) di colore castano.

Casa e famiglia

La famiglia media è composta da 2,7 persone; risiede al Nord, in una casa di proprietà.

Sveglia alle 7

Per andare al lavoro (se lavora nel settore dei servizi), si sveglia ogni mattina tra le 7 e le 7,30.

Pesce Rosso

E' l'animale domestico più presente nelle case.

Acqua in bottiglia

La maggioranza degli italiani beve acqua minerale.
Uno su tre beve vino ogni giorno.

Liberamente tratto da *Focus Extra* n°2, primavera 2000

A Messa
Entra in chiesa almeno una volta l'anno. In un caso su tre una volta la settimana.

Per muoversi
Possiede una bicicletta e un'auto a benzina: la più comune è la Fiat Uno grigia.

Soldi da parte
Gli italiani sono i maggiori risparmiatori d'Europa.

Scarpe
Beppe Russo porta le scarpe numero 41. Ne acquista 2-3 paia l'anno.

Come Schumacher
Il sogno nel cassetto di quasi metà degli italiani è pilotare un'auto di Formula 1.

Al cinema
Lo svago preferito è il cinema, seguito dagli spettacoli sportivi (la maggioranza relativa è juventina).

Non legge, chiama
Beppe Russo ha un cellulare, ma legge un quotidiano (il più venduto è "il Corriere della Sera") solo un giorno su sette.

TV e radio
L'italiano medio ha tv (in un caso su tre la guarda 3 ore al giorno), videoregistratore, radio che ascolta tutti i giorni e impianto hi fi.

Frigorifero
La maggioranza degli italiani ha un frigorifero e una lavatrice, ma non la lavastoviglie.

A tavola
Il pasto principale è quello di metà giornata, ma la prima colazione degli italiani è diventata più ricca.

Vestirsi
Ogni famiglia spende 270 mila lire al mese per calzature e abbigliamento.

Casual
Blue Jeans e camicia sono gli indumenti preferiti.

Misure
Beppe Russo porta abiti di taglia 50.

Vacanze addio
Se si considera "vacanza" la permanenza per almeno 4 notti consecutive in una località, il 52,2% degli italiani non fa vacanze.

Medicine
Un italiano su tre ha preso farmaci negli ultimi 2 giorni.

3° MOVIMENTO – SVILUPPO

FORMATE DEI GRUPPI DI LAVORO E DITE SE SIETE D'ACCORDO CON LE OPINIONI DEI TURISTI GIAPPONESI? PERCHE'?

"Questo è un popolo di ritardatari"

"Siete poco diplomatici"

"E' impossibile abituarsi al vostro traffico, così caotico"

"Il cibo è grandioso, ma voi mangiate troppo"

"Cercate sempre di imbrogliarci"

"La vostra moda è la migliore al mondo"

"I monumenti sono troppo grandi, non si riescono a fotografare"

"Costa tutto così poco"

"Negozi chiusi la domenica? Incredibile!"

4° MOVIMENTO

SCRIVETE I PIU' FREQUENTI "LUOGHI COMUNI" SUGLI ITALIANI. BRASILIANO

Gli italiani mangiano spaghetti tutti i giorni

FINALE - PRODUZIONE SCRITTA

OSSERVATE E DESCRIVETE LA FOTO. CERCATE DI DARE AD ESSA UN SIGNIFICATO.

UNITÀ 11

La faccia

PRELUDIO

1) La faccia è la parte del corpo che ci attrae di più. Perché?

2) In una persona che non conosci, quale espressione della faccia ti ispira simpatia? Quale antipatia? Perché?

3) Nella cultura del tuo Paese, quali sono gli elementi che caratterizzano la bellezza femminile e quella maschile?

1° MOVIMENTO – ATTIVITÀ

LEGGI ATTENTAMENTE I BRANI CHE SEGUONO E COMPLETALI INSERENDO NEGLI SPAZI NUMERATI LA PAROLA MANCANTE. USA UNA SOLA PAROLA.

A

È la nostra firma: basta darle una fuggevole occhiata per scoprire sesso, età, razza e perfino l'umore momentaneo di ciascuno di noi. Patente e …la carta di identità…(1) devono riportarla. Il riconoscimento personale senza la ….faccia…… (2) è quasi impossibile. Quando ci viene chiesto di descrivere una ….persona……… (3) parliamo del suo volto, e l'idea che ci facciamo degli …altri………… (4) è in gran parte determinata dal loro aspetto. Teniamo ritratti dei nostri cari sulla …scrivania…(5) perché abbiamo bisogno del loro viso, che rivela emozioni o ce lo ricorda. La faccia è unica e ci attrae dalla nascita. E pensare che serviva per mordere!

Di Raffaella Procenzano in *Focus*, n.98, dicembre 2000

B

Ma quali sono le caratteristiche di un bel volto? Esiste una serie di parametri in base ai quali definire l'armonia di un …viso………(6). In una donna fronte e naso proporzionati, occhi …grandi………… (7), mento sottile, pelle sana, zigomi alti, labbra leggermente gonfie. In un uomo, invece, gli occhi devono essere più piccoli, le proporzioni di fronte e mento sono diverse e il…naso……………… (8) non deve essere perfetto, come quello femminile. Varie ricerche hanno poi smentito l'idea che sia la simmetria a rendere ……bello……………… (9) un viso. Un piccolo difetto può addirittura rendere un volto più piacevole. Pensate alla cantante Barbra Streisand: chi potrebbe giudicare bello il suo naso? Eppure è proprio quella sua caratteristica a dare vigore al suo viso e renderlo …interessante……… (10). Ecco come lo scrittore Henry James descrisse la scrittrice inglese George Eliot: " Lei è spaventosa. Ha una fronte bassa, un tetro occhio grigio, un naso pendulo, una bocca enorme ……piena………… (11) di denti irregolari. Ma in tutto ciò risiede una …forza………… (12) potente che, in pochi minuti, rapisce e affascina la mente".

Di Michele Scozzai in *Focus*, n.98, dicembre 2000

2° MOVIMENTO

CERCA DI IMMAGINARE IL SIGNIFICATO DELLE SEGUENTI ESPRESSIONI. SPIEGALO, QUINDI, SERVENDOTI DI ESEMPI.

1. Dire le cose in faccia ...*dire* *parlare le cose diretamente*
2. Avere la faccia tosta ....
3. Fare un voltafaccia ...*cambiare le idee facilmente*
4. Non guardare in faccia a nessuno ...*fare solo un proprio intresse*
5. Salvare la faccia ....

RICOMPONI LE FRASI CHE SEGUONO SCEGLIENDO LE CONGIUNZIONI ADATTE

1. Ha le occhiaie	quando	ieri ha fatto le ore piccole.
2. Carlo ha un viso così espressivo	senza che	si capisce subito quando è triste.
3. Posso dirti quello che Federico pensa	perché	lui dica una parola: basta guardargli le sopracciglia.
4. Non potremmo apprezzare bene il cibo,	anche se	il naso non si trovasse sopra la bocca.
5. Io dico le cose in faccia	perché	tutti sappiano come la penso.
6. A Pinocchio cresceva il naso	che	diceva le bugie.
7. Sulla faccia ci sono le nostre emozioni	se	siamo soli.

TUTTO, SUL VISO, HA UNO SCOPO. PROVA AD IMMAGINARE COME CAMBIEREBBE, IN RELAZIONE ALLE MUTATE ESIGENZE CULTURALI E AMBIENTALI, IL VISO UMANO. ARGOMENTA LE TUE POSIZIONI

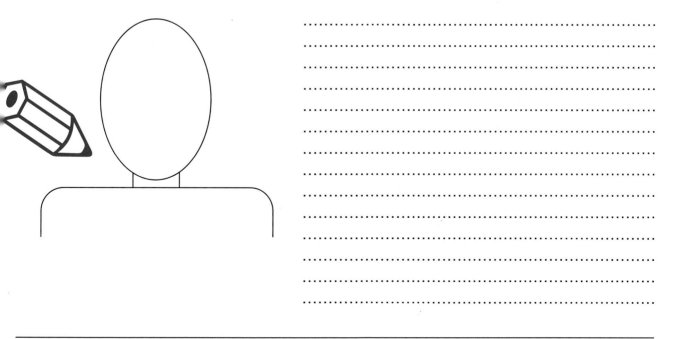

3° MOVIMENTO – SVILUPPO

LAVORANDO IN GRUPPO OSSERVATE LE FOTO RIPORTATE DI SEGUITO. SCEGLIETENE UN PAIO E PROVATE A:

1. DESCRIVERE LO STATO D'ANIMO DEL PERSONAGGIO RAFFIGURATO

2. IMMAGINARE COSA PUÒ ESSERE SUCCESSO UN ATTIMO PRIMA

3° MOVIMENTO

IL TESTO CHE SEGUE È STATO SCRITTO MOLTO
VELOCEMENTE E CONTIENE
DEGLI ERRORI E ORTOGRAFICI E SINTATTICI.
INDIVIDUALI E CORREGGILI

1 Pare che il viso si forma pretissimo, ma la

2 cosa singolare è che solo nell'ultimo trimestre

3 di gravidanza assume quelli tratti caratteristichi

4 che lo renderanno unico. un'ecografia

5 molto sofisticata permete di seghire l'evoluzione

6 del viso del feto tanto da poter stabilire,

7 molto tempo prima della nassita, a che dei

8 genitori assomiglierà di più. Una volta nato,

9   il bambino iuserà la sua facchia come uno dei più

10 potenti mezzi di comunicazzione. gli

11 studiosi credono che una facia possa assumere

12 6000 diverze espressioni, ma si arriva

13 ad oltre 10.000, se si considerano tutte le

14 possibile sfumature espressive di un viso.

credere che + subjunctive

FINALE – PRODUZIONE SCRITTA

SVOLGI UNO DEI SEGUENTI COMPITI
1. Torna ad osservare le foto riprodotte sopra. Scegli un personaggio, descrivilo immaginando di essere un/a noto/a consulente d'immagine; scrivigli/le una lettera dandogli/le dei consigli che lo/la aiutino a migliorare il look.

2. Qual è la tua personale idea di bellezza? Prova ad illustrarla.

(fino a un massimo di 200 parole)

UNITÀ 12
ITALIA,
UN PAESE DI SCONTENTI

PRELUDIO

1. Prima di leggere il testo, immagina la classifica dei 10 Paesi che, secondo te, sono "i più felici" del mondo.
2. Su quali elementi si fonda la tua idea di " Paese felice"? Confronta le tue risposte e discutile.
3. A tuo avviso, la felicità di un popolo può essere influenzata da elementi ambientali?
   Porta qualche esempio in merito.

I più felici

1.	Danimarca	(49%)
2.	Australia	(47%)
3.	USA	(46%)
4.	Venezuela	(44%)
5.	Kuwait	(41%)
6.	India	(37%)
7.	Gran Bretagna	(36%)
8.	Malaysia	(34%)
9.	Messico	(30%)
10.	Argentina	(29%)
11.	Nigeria	(28%)
12.	Brasile	(25%)
13.	Egitto	(21%)
14.	Spagna	(19%)
15.	Francia	(17%)
16.	Italia	(15%)
17.	Germania	(14%)

L'insoddisfazione degli italiani

Qualità della vita	15%
Rapporti con famiglia e amici	39%
Fiducia in se stessi	20%
Ruolo della religione	25%
Sesso	14%
Possesso materiale	9%
Lavoro	11%
Tempo libero	12%
Padronanza tecnologica	7%
Denaro	3%
Economia	1%

1° MOVIMENTO – ATTIVITÀ

"Termometro della felicità": ridono danesi e australiani, noi solo sedicesimi

Liberamente tratto da Ennio Caretto, *"Il Corriere della Sera"*, 14 dicembre 1999

WASHINGTON

Prima o poi, il "Termometro della felicità delle nazioni" qualcuno doveva inventarlo. La Roper Starch Worldwide ha scelto 22 Paesi simbolo dall'Argentina al Venezuela e in ciascuno ha chiesto a un migliaio di persone se fossero felici. Ne è uscita una classifica sorprendente in cui le nazioni più felici sono, nell'ordine, la Danimarca, l'Australia e gli USA. Inspiegabile, al se-

dicesimo posto, la posizione dell'Italia. "L'Italia è il Paese da noi più invidiato", ha detto il ricercatore Thomas Miller. "Il Paese più bello, che sa vivere meglio. Ci ha sorpreso che sia uno dei più scontenti". Secondo il ricercatore il termometro della felicità delle nazioni si basa su 11 parametri come per esempio, la qualità della vita, i rapporti con la famiglia, il ruolo della religione, il sesso ecc. [...]
Gli italiani sono molto contenti dei rap-

porti con famiglia e amici. Ancora, se negli USA la cosa più importante sembra essere la fiducia in se stessi, gli italiani danno maggiore importanza al ruolo della religione. Lo scrittore Luciano De Crescenzo sostiene che la vita sessuale è la principale fonte di insoddisfazione.
In effetti, solo il 14 % degli italiani si può dire soddisfatto della propria vita sessuale. E pensare che all'estero noi italiani abbiamo ancora fama di "latin lover"!

VERIFICA SE LE AFFERMAZIONI CHE SEGUONO
SONO PRESENTI NEL TESTO CHE HAI APPENA LETTO.

A) Italiani e Statunitensi dànno importanza agli stessi valori;
B) La soddisfazione degli italiani è molto alta riguardo al sesso;
C) I risultati dello studio erano ampiamente prevedibili;
D) In molti sono convinti che gli italiani sappiano vivere bene.

2° MOVIMENTO

ALLA RICERCA DELLA "FELICITÀ". RISPONDI AL QUESTIONARIO
E ILLUSTRA LE TUE RISPOSTE.

1. COME DEFINIRESTI IL RITMO DELLA TUA
   VITA?

a. Naturale. Lascio che le cose accadano;
b. Veloce, ma con delle pause per godere delle
   cose belle; 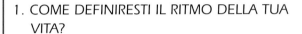 *enjoy*
c. Frenetico, a volte. A volte rilassato;
d. Assurdo, senza interruzioni, ma non mi
   lamento. *to face*

2. COME AFFRONTI I DOVERI QUOTIDIANI?

a. Cerco di fare prima le cose piacevoli;
b. Faccio le cose importanti e lascio correre il
   resto;
c. Faccio solo ciò che è veramente urgente;
d. Sbrigo le cose in ordine di importanza.
   carry out

3. A QUALE FILOSOFIA DI VITA SI AVVICINA DI
   PIÙ LA TUA?

a. Va' dove ti porta la vita;
b. La vita non è una prova generale;
c. C'è tempo per tutto;
d. Fallo ora!
   Do it ora

4. COSA PENSI DELLA PUNTUALITÀ?

a. Non mi preoccupo di essere puntuale;
b. Essere puntuali è gentile e a me piace esserlo; ✓
c. Sono puntuale, in teoria, ma…
d. Sono puntuale e non posso soffrire chi
   non lo è.

5. QUANTE COSE HAI COMINCIATO E NON HAI
   FINITO L'ANNO SCORSO?

a. Un sacco di cose. Mi entusiasmo e poi…;
b. Due o tre cose di scarsa importanza; ✓
c. Molte. Temo di essere un inconcludente;
d. Porto sempre a termine ciò che comincio.

6. COME TI PIACE PASSARE IL TEMPO LIBERO?

a. Non so come impiegare il tempo libero;
b. Mi rilasso e mi ricarico;
c. Mi dedico a dei lavoretti che mi rilassano; ✓
d. Non ho tempo libero.
   Tutto il mio tempo è organizzato al meglio. ✓

3° MOVIMENTO – SVILUPPO

OSSERVA LA FOTO RIPRODOTTA DI SEGUITO. PROVA A INDOVINARE:
- Dove è stata scattata?
- Chi può aver scritto il messaggio?
- Se qualcuno facesse la stessa cosa nella tua città, quali sarebbero le reazioni dei tuoi concittadini?

La manifestazione dei Desideri
SCOPRI IL VALORE DEL TUO DESIDERIO

Partecipa anche tu all'evento che interessa varie città d'Italia e che consiste nell'esposizione di numerose sagome. Ogni sagoma rappresenta una persona con un cartello da slogan su cui è scritto il proprio desiderio.
Potrai suscitare consensi e offrire nuove opportunità.
Potrai conoscere chi vuole condividere il tuo desiderio.

PROVA A SCRIVERE SUL MANIFESTO CHE SEGUE UNO SLOGAN CHE CONTENGA UN TUO DESIDERIO.
MOTIVA LA TUA SCELTA E CONFRONTALA CON QUELLA DEI TUOI COMPAGNI DI CLASSE.

FINALE – PRODUZIONE SCRITTA

SVOLGI UNO DEI SEGUENTI COMPITI:

1) Osserva la tabella "L'insoddisfazione degli italiani" e prova a fare un confronto con la realtà del tuo Paese.

2) E tu, puoi dirti felice? Perché?

(fino ad un massimo di 200 parole)

UNITÀ 13

VOLETE SAPERE CHI SIAMO? GUARDATECI!

PRELUDIO

1) Ha ancora senso il proverbio "l'abito fa il monaco"? Perché?
2) Più che un fatto di vanità, il look mette in evidenza un modo di essere, di pensare e di comportarsi. Sei d'accordo? Motiva le tue risposte.
3) La scelta dei colori dei tuoi capi d'abbigliamento segue un'idea precisa, una tendenza o dipende esclusivamente dallo stato d'animo del momento?

1° MOVIMENTO – ATTIVITÀ

OSSERVA LE FOTO CHE SEGUONO. COMMENTALE DOPO AVER LETTO LE NOTE

PINA. " Vengo da una scuola per musicisti, vestivano in modo libero. Tra noi ragazzi questo modo di vestire è considerato quello degli alternativi di sinistra, ma non è un marchio, è una forma di protesta proprio contro le etichette. Perché andare a comprare un paio di pantaloni firmati, che posso- no costare anche un milione, quando nei mercatini li pago

trentamila lire e mi riparano lo stes- so dal freddo? Anzi, metà delle cose che indosso non le ho nemme- no acquistate, sono cose vecchie che trovo in casa."

GABRIELLA. Quando l'usato e la fantasia si incontrano.
La giacca a vento rossa anni Settanta abbinata a un jeans che, con un sapiente taglia e cuci, è diventato un personalissimo jeans a zampa d'elefante.

GILBERTO. Un modo di vestire che si ispira alle ultime tendenze dei *colleges* americani. Pantaloni oversize, felpa con cappuccio e cappellino di lana.

EMANUELE. Mixare è la parola d'ordine. Emanuele ci riesce alla perfezione: un po' indiano metropolitano e un po' sportivo. Pantaloni e collana etnici, giacca a vento e scarpe tecniche.

2° MOVIMENTO

DUE PROFESSORI MOLTO "PARTICOLARI": **MARCO LODOLI** (SCRITTORE) E
ROBERTO VECCHIONI (CANTAUTORE) RACCONTANO I LORO ALLIEVI

Torrespaccata, lembo cementizio di Roma: Marco Lodoli, 43 anni, scrittore, insegna qui. "Se noi cercavamo dei maestri, ne avevamo bisogno, loro cercano soprattutto consenso e affetto. Se noi ci guardavamo indietro e ascoltavamo la vecchia musica - io andavo pazzo per il jazz di John Coltrane -, loro sono legati alla loro contemporaneità.
Una cosa di dieci anni fa per loro è morta e sepolta.
Il mondo delle marche per noi era sconosciuto,
insignificante. Oppure un avversario.
Per loro vale il contrario. Di conseguenza i soldi sono sentiti come un valore forte e chi è ricco suscita ammirazione. I maschi, in questo senso, sono più deboli delle ragazze, sono più omologati.
E si rasano i capelli per un bisogno di ordine. Le ragazze mantengono una buona dose di inventiva."
Diciamo che questi ragazzi anni Novanta hanno le idee chiare e non sono come gli studenti di dieci anni fa." Spiega il professor Vecchioni del liceo "Beccaria" di Milano."Quella era una generazione deludente, questa no. Questa è una tavolozza con tanti colori, e non soltanto vista da fuori, attraverso i vestiti che indossa. Non sai dove andrà, ma sai che da qualche parte andrà. Assomiglia a Milano con i lavori in corso. Certo, manda segnali diversi da quelli che mandavamo noi: gli studenti di oggi sono più tecnologici, parlano poco e leggono niente". Vecchioni definisce i ragazzi di oggi "romantici" e riconosce che è vero che non riescono a stare quattro o cinque ore sui libri; ricevono troppi segnali e stimoli e faticano a rimanere concentrati.

Testi di Cesare Fiumi tratti da *Sette*, 18 novembre 1999, n.46. RCS Settore Quotidiani

LEGGI IL TESTO ANCORA UNA VOLTA E, SENZA L'AIUTO DEL VOCABOLARIO,
IMMAGINA IL SIGNIFICATO DELLE ESPRESSIONI CHE SEGUONO.

1) cementizio...
2) lembo..
3) tavolozza..
4) omologato..
5) si rasano..
6) inventiva..

RISPONDI ALLE DOMANDE CHE SEGUONO.

1) I ragazzi anni Novanta sono molto curiosi, si interessano a tutto?
2) Sanno quello che vogliono, hanno degli obiettivi precisi?
3) Dimostrano molta fantasia?
4) Temono la confusione?
5) Quale opinione vi pare più convincente? Quella del professor Lodoli o quella del professor Vecchioni? Perché?

3° MOVIMENTO – SVILUPPO

QUI DI SEGUITO CI SONO DUE LETTERE. UNA INDIRIZZATA A UN/A AMICO/A, L'ALTRA ALLA SEGRETERIA DELL'UNIVERSITÀ PER STRANIERI. LE LETTERE SONO STATE MESCOLATE E SONO INCOMPLETE, MANCANO, CIOÈ, DELLE FORMULE DI APERTURA E DI CHIUSURA. LAVORANDO IN GRUPPO, RIMETTETE IN ORDINE LE DUE LETTERE E COMPLETATELE.

UN PUZZLE INSOLITO

1. Spero di essere da te per l'ora di cena
2. Non ho parole per ringraziarti,
3. Siccome fra poco inizierò un corso di lingua italiana,
4. sei davvero gentile ad ospitarmi
5. Arriverò a Perugia il 25 novembre
6. e per allora vorrei ricevere delle informazioni precise,
7. Se ci fossero dei problemi, Vi prego di contattarmi.
8. Avevo pensato di chiederti ospitalità,
9. Arriverò a Perugia sabato prossimo alle 18 e ti telefonerò dalla stazione.
10. Vi ringrazio in anticipo.

11. non c'è bisogno che tu venga a prendermi,
12. per tutta la durata del corso di lingua.
13. vorrei sapere se è possibile trovare
14. ma non volevo sembrarti invadente.
15. tramite Voi una sistemazione conveniente.
16. Mi interessa una camera tranquilla ad un prezzo ragionevole,
17. La tua casa mi piace molto:
18. non troppo lontano dall'università.
19. è così accogliente e tranquilla a due passi dall'università.
20. un taxi andrà benissimo.
21. in modo da sapere subito dove andare.
22. Se ci sono novità, avvertimi.

FINALE – PRODUZIONE SCRITTA

SVOLGI UNO DEI SEGUENTI COMPITI

1) Osserva le foto che seguono. Sviluppa un'argomentazione che metta in rilievo le principali differenze fra il modo in cui vestivano le generazioni passate rispetto ai "giovani degli anni '90" e spiega il tuo punto di vista.

(Fino ad un massimo di 200 parole)

2) " È un cicerone davvero in gamba… "

Prova a costruire una breve storia ispirandoti al disegno accanto.

UNITÀ 14
Una sorpresa
a tutti gli effetti

PRELUDIO

A ben pensarci, è sempre tempo di regali. Ma che cosa significa fare un regalo? È più adeguato l'atteggiamento "altruista", pensando a chi riceverà l'attestazione del nostro affetto e della nostra simpatia? O è meglio essere "egocentrici" e regalare solo ciò che piace prima di tutto a noi?

1° MOVIMENTO – ATTIVITÀ

LEGGI I BREVI TESTI PROPOSTI DI SEGUITO.
SPIEGA COME TI COMPORTERESTI, SE TI TROVASSI IN SITUAZIONI SIMILI.

COM' È DIFFICILE FARE UN REGALO ORIGINALE!

Una mia amica aveva ricevuto in dono un oggetto che era rimasto a lungo impacchettato in giro per casa, in un periodo in cui aveva ospite un amico. Dopo un po', in occasione del suo compleanno, da quell'amico si è vista presentare quello stesso regalo. Non uno uguale, proprio quello, ancora impacchettato nella carta originale.

Una volta un amico mi ha regalato un libro. Quando l'ho scartato mi sono accorto che era il regalo che la sua banca aveva fatto a lui. Non l'aveva nemmeno aperto.

A una mia amica hanno regalato un libro. Ricevuto, scartato, aperto: nelle prime pagine c'era una dedica molto sentita, personalissima, quasi intima. Però indirizzata alla persona che le aveva regalato il libro.

Di Donatella Bogo e Raffaella Moretti in *Sette*, XII 1999

2° MOVIMENTO

COMPLETA LE FRASI SEGUENTI.

1) Una volta una mia amica mi ha regalato ....
2) I regali? Mi piace ....
3) I regali a sorpresa per me ....
4) Per il mio compleanno, in genere, ...
5) Regalare profumi ....
6) Quando non so cosa regalare..
7) A diciotto anni ci si aspetta ....

COMPLETARE IL TESTO SCRIVENDO NEGLI SPAZI NUMERATI LA PAROLA MANCANTE.

Che bello regalare o ricevere in regalo dei fiori! A volte, però, è ....(1) trovarsi in situazioni imbarazzanti specialmente se si regalano ....(2) senza conoscere le più elementari regole del Bon Ton. I fiori hanno dei ....(3) particolari, ce ne sono di vari tipi per ogni occasione e in ogni stagione, questo lo sanno tutti. Anna, la mia vicina di ....(4), una volta, aveva invitato a cena dei conoscenti stranieri e loro, ...(5) di fare una cosa gradita, avevano deciso di regalarle dei fiori. I fiori fanno sempre "colpo". Colpo, appunto. Bisogna ricordare che all'estero i fiori ....(6) regalati in modo molto semplice mentre in Italia, normalmente, il ....(7) viene inserito in composizioni fantasiose ed originali. Bene.

La mia vicina stava aspettando i suoi ....(8) quando ha sentito, fuori dalla porta, uno strano ....(9), come di carta o plastica stropicciata.

Si è un po' allarmata anche perché lo strano rumore pareva non voler finire. Sembrava di sentire un gruppo di bambini che, dopo aver ....(10) di nascosto delle caramelle, cercassero di nasconderne la carta. Anna si è avvicinata alla ....(11) e, in un colpo solo, l'ha aperta. Si è trovata, così, di fronte ai ....(12) conoscenti che, mentre cercavano di nascondere carta, decorazione e fiocchi, le porgevano, orgogliosi un enorme ....(13) di crisantemi!

3° MOVIMENTO – SVILUPPO

RISPONDI AL QUESTIONARIO IDEATO DA MARCEL PROUST E DI GRAN MODA NEI SALOTTI OTTOCENTESCHI

1) Il regalo che mi ha fatto più felice. ....

2) Il regalo che mi ha fatto più infelice. ....

3) La cosa che più detesto ricevere. ....

4) Quello che fa sì che un regalo mi piaccia. ....

5) Quello che fa sì che un regalo non mi piaccia. ....

6) Che regalo mi farei, se avessi la bacchetta magica. ....

7) Il regalo che ho più invidiato. ....

8) Il regalo più costoso che ho ricevuto. ....

9) Il regalo più importante che ho ricevuto. ....

10) Il regalo meno importante che ho ricevuto. ....

4° MOVIMENTO

COMPLETARE LE FRASI SEGUENTI

ITALIA, MATERIALI PER UN'AUTOCRITICA

Da un'idea originale di Serena Ricci

Chiassosi, inaffidabili, ingovernabili, e poi egoisti, individualisti...

Quanti aggettivi per descrivere gli italiani nel corso dei secoli.

1) La pigrizia. I camerieri sono pigri, si considerano come gli uomini più sfortunati del mondo perché devono muoversi, **eppure**..

2) La furbizia. Ciò che sembra caratterizzare gli italiani è la furbizia, **infatti**
....

3) Il piacere dello scontro. Gli italiani sembrano non avere misura né limite e si arrabbiano sempre, **tuttavia**..

4) La leggerezza. Gli italiani sembrano rifiutare qualsiasi impegno morale e sono interessati ai problemi concreti **quando**..

5) Tutti parlano e si interessano di tutto. Basta accendere la tv per trovare, per esempio, una show girl che parla di politica, **anche se**..

FINALE – PRODUZIONE SCRITTA

1) Leggi le seguenti interviste, quindi con tutte le informazioni ricavate anche dall'attività
precedente, scrivi un articolo dal titolo "Un paese anormale?"

■ **Di noi italiani si dice che siamo curiosi, ma inconcludenti, sei d'accordo?**
Marco: Siamo curiosi tanto quanto gli altri popoli. Inconcludenti?
Una parte della società, specialmente chi lavora nel settore privato, pare che non lo sia.
Rossella: Se ci riferiamo al passato, allora gli italiani sono stati senz'altro curiosi, prova ne sia quello
che è stato creato in campo scientifico e artistico. Questo sconfessa l'"inconcludenza".

■ **Credi che il tratto caratteristico dell'italianità sia la furbizia?**
Marco: Penso che lo sia stata per decenni, ma sta cambiando. La gente ha capito che la furbizia può
rivelarsi un boomerang. Comunque, gli stereotipi stanno cambiando. I giovani, purtroppo, si stanno
americanizzando….
Rossella: L'Italia è il paese dei furbi. È il paese di chi reclama coralmente delle regole che, poi,
singolarmente non rispetta per giungere per la via più breve ai "propri diritti".

■ **La figura del "tuttologo" è una tipica espressione di italianità?**
Federico: A giudicare da certe trasmissioni televisive, si direbbe di sì. Per fortuna, parlando con le
persone comuni, ci si accorge che non tutti se la sentono di esprimere giudizi affrettati su materie che
non conoscono.
Norma: No!
Gabriele: No, lo sono di più altri popoli.

■ **Chiassosi, ingovernabili e poi individualisti, egoisti. Qual è la tua reazione a questa poco
lusinghiera descrizione di noi italiani?**
Federico: Nonostante non mi faccia piacere, in buona sostanza riconosco che è una descrizione
abbastanza azzeccata, al punto di ritrovarmi personalmente in uno degli aggettivi.
Norma: È tutta invidia da parte di chi non sa godersi la vita e non sa trasgredire.
Gabriele: La descrizione è falsa e superficiale.

2) Immagina una conversazione telefonica fra due ampici che si accordano per fare un regalo
originale ad un amico comune che sta per sposarsi.

3) Scrivi una lettera ad un/amico/a per raccontargli/le del regalo che hai ricevuto e che ti ha
riempito di gioia.

(fino ad un massimo di 200 parole)

UNITÀ 15

Paisà di tutto il

PRELUDIO

1) Cosa sai della storia dell'emigrazione italiana?
2) In quali Paesi si sono diretti principalmente gli emigranti italiani?
3) Nella tua lingua si usano parole italiane? Quali? In quali situazioni?
4) Quali sono, secondo te, le caratteristiche distintive delle comunità
   italiane all'estero?

1° MOVIMENTO – ATTIVITÀ

IL TESTO CHE SEGUE È STATO SCOMPOSTO IN VARIE PARTI. IL TUO COMPITO CONSISTE
NEL RICOMPORLO DANDO LA GIUSTA COLLOCAZIONE AD OGNI PARTE.

1) che vive stabilmente fuori dai confini nazionali, ma guarda all'italianità come elemento di aggregazione. Ma la storia dei nostri connazionali nel mondo non è solo la cronaca di successi, sia pure faticati e sudati. Non sono pochi gli italiani all'estero che chiedono forme di previdenza sociale e un minimo vitale per sopravvivere.
E molti chiedono di nuovo il doppio passaporto, per avere una possibilità in futuro: la possibilità, udite, udite, di emigrare ancora. Ma questa volta in Italia.

mondo unitevi

2) se ne vada senza rimpianti, restituendoci l'idea che i bastimenti percorrano all'inverso l'itinerario delle lacrime e delle nostalgie.

La diaspora italiana nel mondo è stata uno degli avvenimenti più significativi del secolo che muore. Il numero di italiani che operano in ogni angolo della terra supera persino la popolazione attualmente residente in Italia.

3) I figli, i nipoti e i pronipoti dell'esodo italiano tornano in patria per la prima Conferenza degli italiani nel mondo. E sembra persino giusto che questo secolo, che è nato vedendo partire milioni di emigranti con le valigie di cartone legate con lo spago,

4) Anzi, se in patria continueremo a fare pochi figli, fra qualche anno gli italiani li troveremo a New York o in Argentina, non qui da noi. La globalizzazione e Internet hanno offerto una straordinaria opportunità di collegare le tante piccole patrie con noi.

5) Ora possiamo finalmente pensare a costruire una strategia globale della presenza italiana nel mondo. L'italianità ha ormai un significato che va oltre la cittadinanza. Il mondo in italiano è un immenso contenitore di valori, di idee, di culture e di esperienze rappresentato da quell'insieme di persone, di interessi, di relazioni

Di Guglielmo Nardocci, in *Famiglia Cristiana*, n.50/2000

SPIEGA LE ESPRESSIONI TRATTE DAL TESTO PRECEDENTE:

1) Percorrere all'inverso l'itinerario delle lacrime...

2) Costruire una strategia globale ....

3) L'italianità è un elemento di aggregazione..

4) Udite, udite!...

2° MOVIMENTO

OSSERVA E COMMENTA LE TABELLE RIPORTARE QUI DI SEGUITO, QUINDI IMMAGINA LA STESSA TABELLA RIFERITA AL TUO PAESE.

Italiani nel mondo
(Iscritti all'anagrafe consolare)

Area geografica	Cittadini italiani
Africa	68.470
Nord America	309.869
America centrale	15.119
America del Sud	1.120.308
Asia	25.524
Europa	2.178.593
Oceania	153.045
Totale	3.870.928

I Paesi più "italiani"

Nazione	Cittadini italiani
AFRICA	
Sudafrica	37.763
Egitto	5.324
Tunisia	3.231
Kenia	3.000
Nigeria	2.677
AMERICHE	
Argentina	556.554
Brasile	299.260
Stati Uniti	214.686
Canada	125.852
Venezuela	128.378
ASIA	
Israele	7.880
Turchia	2.919
Cina	2.278
Thailandia	1.737
Giappone	1.719
EUROPA	
Germania	680.068
Svizzera	527.817
Francia	371.125
Belgio	282.293
Gran Bretagna	149.704
OCEANIA	
Australia	151.355
Nuova Zelanda	1.600

Fonte: ministero degli Esteri.

3° MOVIMENTO – SVILUPPO

FORMATE DEI GRUPPI E SVOLGETE UNA DELLE SEGUENTI ATTIVITÀ COMUNICATIVE.

1) Immaginate una conversazione fra una madre italiana e suo/a figlio/a che sta per andare all'estero dove studierà per un mese.

2) Immaginate di rispondere alla "quinta" telefonata giornaliera che vostra madre vi fa. Siate gentili, ma fatele anche capire che non può continuare così.

3) State preparando la cena per gli amici che avete invitato a casa vostra. Improvvisamente vostra madre bussa alla porta, entra e, vedendo che state cucinando…

FINALE – PRODUZIONE SCRITTA

1) L'ansia della madre, e in generale, dei genitori, spinge i figli più velocemente all'indipendenza o, al contrario, li condiziona negativamente? Esprimi il tuo punto di vista e argomentalo.

2) Una madre ansiosa ama più e meglio un/a figlio/a? Esprimi e argomenta il tuo punto di vista.

3) Scrivere un breve articolo di giornale scegliendo come guida uno dei titoli riportati di seguito

INCIDENTE AEREO. 300 SUPERSTITI
Il pilota ha evitato un aereo, ma ne ha urtato un altro....

UN'INVENZIONE PERMETTERÀ AGLI SCIENZIATI DI CONTROLLARE IL TEMPO.

MORTO DA UN'ORA, TORNA A VIVERE
È la prima volta al mondo. Nessun danno al cervello

(fino ad un massimo di 200 parole)

UNITÀ 16

QUESTIONE DI TONO

PRELUDIO

1) Come definiresti la tua voce?

2) Prova a imitare un tono di voce irritante, poi uno gradevole.

3) Come descriveresti il tono della voce di tua madre? E di tuo padre?

1° MOVIMENTO – ATTIVITÀ

COMPLETA IL BRANO INSERENDO NEGLI SPAZI NUMERATI LE PARTI DI TESTO INDICATE DI SEGUITO

La voce calda della moglie che col suo "Come stai?" alleggerisce il marito di una dura giornata di lavoro. Il tono professionale della segretaria ....(1). La punta di durezza usata dalla mamma per mettere in riga i figli: quello che non si ottiene con il giusto tono di voce. ....(2), da che mondo è mondo, a usare quest'arma.
E non è solo un luogo comune. Risulta anche da uno studio ....(3) in Gran Bretagna. Lo studioso di relazioni interpersonali Alan Pease ha spiegato ....(4), abituate da secoli a calmare, incoraggiare, spronare e rassicurare, ha sviluppato ben cinque toni, ...(5) (ai quali il destino evolutivo ha riservato compiti di caccia e pesca) si limitano a tre soltanto. Un vantaggio che sta dando frutti nel mondo del lavoro, dove le donne occupano ormai il 30% delle posizioni manageriali. ....(6) prevalente nelle aziende inglesi, dove si chiede anziché ordinare e si sorride per ottenere l'esecuzione di un lavoro, sarebbe proprio frutto di questa nuova presenza femminile, discreta, dolce e ferma allo stesso tempo. ....(7), insomma.

Di Silvia Guzzetti, in *Famiglia Cristiana*, n.44/2000

a. che la voce delle signore
b. È tutta questione di toni
c. Sono soprattutto le donne
d. mentre gli uomini
e. che allontana gli scocciatori
f. Il nuovo stile dei dirigenti
g. presentato in questi giorni

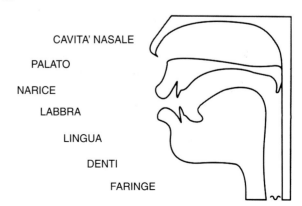

CAVITA' NASALE

PALATO

NARICE

LABBRA

LINGUA

DENTI

FARINGE

VERIFICA:

A) SE NEL TESTO SONO PRESENTI LE SEGUENTI AFFERMAZIONI

B) COMMENTALE

1) La voce, se ben usata, può diventare un'arma vantaggiosa	☐ Sì	☐ No
2) La voce maschile ha poche varietà di tono	☐ Sì	☐ No
3) Nel mondo del lavoro per ottenere qualcosa è meglio alzare la voce	☐ Sì	☐ No

2° MOVIMENTO

LEGGI LE FRASI CHE SEGUONO.
SENZA L'AIUTO DEL VOCABOLARIO,
PROVA A SPIEGARE IL SIGNIFICATO
DELLE ESPRESSIONI EVIDENZIATE:

1) Preferisco dirtelo **a voce**
2) Non parlare **sotto voce**, non ti sento!
3) Quando il professore si arrabbia,
   fa la voce grossa
4) Ieri ho preso freddo
   e oggi **ho perso la voce**
5) **Voce**!

UNA VOCE PUÒ ESSERE:

argentina   nasale

implorante **VOCE** gutturale

melliflua   imperiosa

squillante

RICOMPONI LE FRASI CHE SEGUONO SCEGLIENDO LE CONGIUNZIONI ADATTE:

1) I padri non se la sentono di dedicarsi a tempo pieno ai figli	senza che	l'Italia è un Paese ancora maschilista.
2) Badare ai bambini può essere faticoso	che	le soddisfazioni siano enormi
3) Alcuni pionieri della paternità cosciente sfidano le difficoltà	perché	occuparsi dei figli
4) Chi è allevato dal padre può trovarsi in difficoltà dal momento	per	non conosce la tenerezza materna.
5) Il padre italiano starebbe di più con i figli,	che	non avesse così poco tempo.
6) I ruoli familiari sono tanto radicati	sebbene	è pericoloso modificarli.
7) Conoscevo il problema della paternità	se	tu mi facessi leggere quest'articolo.

3° MOVIMENTO

Per un bambino non c'è nulla di più dolce della voce materna, eppure nella nuova famiglia il ruolo del padre sta diventando centrale, tanto che si parla di "mammo".
Chi è il "mammo"? È il simbolo della paternità cosciente.
È un uomo che decide di ridurre il tempo dedicato al lavoro per stare di più con i figli, sfidando difficoltà di carriera, guadagno, ruolo.

OSSERVA, DESCRIVI E COMMENTA LE IMMAGINI CHE SEGUONO.

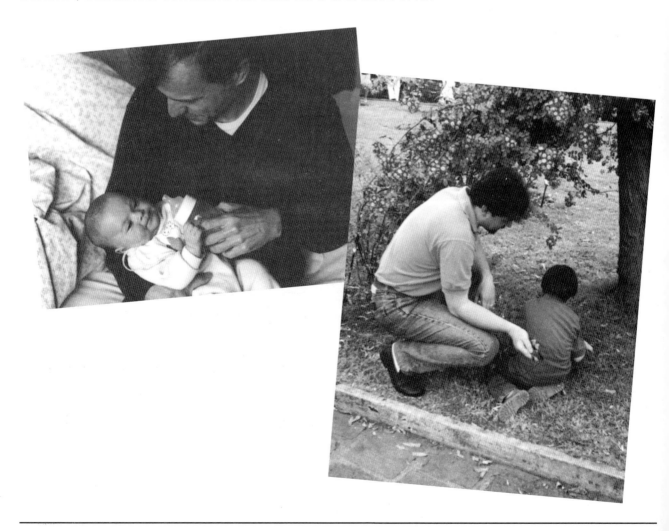

4° MOVIMENTO – SVILUPPO

LEGGETE L'INIZIO DEL RACCONTO " LARA " E, LAVORANDO IN GRUPPO,
IMMAGINATE LA FINE DELLA STORIA.

Ho sempre saputo di essere diversa fin da quando ero giovane. Non chiedetemi perché. Avevo cambiato pelle poche volte, e vivevo fra i coralli a 120 metri sotto il mare. Già da allora passavo molto tempo in solitudine mentre le mie compagne si rincorrevano scodando, si infilavano nelle tane sfidando i polpi, e mangiavano pesci morti con delicati gesti delle nostre posate naturali, le chele.
Già da allora guardavo in su, verso quel punto misterioso da dove, nelle giornate limpide in cui non c'era burrasca, veniva quella luce, quel colore, un altro pianeta […] Invidiavo la balena, il grande corpo scuro che poteva precipitare giù, fino ai 2000 metri scomparendo nel buio gelido, ma anche involarsi verso la luce senza vedermi perché ero troppo piccola per lei, una piccola aragosta rossa brillante come un corallo, ma con un destino diverso da tutte le altre.
Il mio nome è Lara. Già da allora sapevo fare qualcosa in più delle mie compagne: sì, insomma, ero brava nelle imitazioni: captavo tutti i rumori del mare e potevo riprodurli con facilità, sapevo simulare il canto della balena e la risata del delfino.......

Liberamente tratto dal racconto *"Lara"* in *L'ultima lacrima*
di Stefano Benni, Feltrinelli, 1994, pag.128

FINALE – PRODUZIONE SCRITTA

SVOLGI UNO DEI SEGUENTI COMPITI:

1) Nel racconto "Lara" di Stefano Benni, la piccola aragosta, ad un certo punto, dice:
   "Nessuno è tanto grande da non incontrare un giorno, qualcuno più grande di lui".
   Esprimi delle considerazioni

2) Immagina una telefonata fra due mogli i cui mariti hanno deciso di restare a casa per dedicarsi alla cura dei figli....

3) Immagina, ora, una conversazione fra due mariti che s'incontrano mentre portano a passeggio i loro bambini…

(fino ad un massimo di 200 parole)

UNITÀ 17

UN COMPUTER IN OGNI CLASSE?

PRELUDIO

1) È giusto e utile portare i computer tra i banchi? Perché?

2) Non credi che l'entusiasmo per le nuove tecnologie sia eccessivo?

3) Il computer è di certo molto utile, ma non provoca troppo stress?

4) Cosa pensi del recente provvedimento preso negli USA in base al quale nessuno dovrebbe restare per più di quattro ore al giorno di fronte allo schermo di un computer?

1° MOVIMENTO – ATTIVITÀ

LEGGI RAPIDAMENTE IL TESTO PROPOSTO.

Parla il preside di un liceo di Milano.

Professore, che posto ha il computer nel suo liceo?
"Abbiamo un laboratorio informatico in cui può lavorare una ventina di studenti alla volta.
Avendo quasi 950 studenti, 41 classi, 75 insegnanti, si capisce che non è molto, non è abbastanza.
Già da anni, grazie a un professore di latino e greco particolarmente versato nell'uso del computer, abbiamo ragazzi molto preparati: il nostro liceo ha vinto diverse competizioni tra i licei, ma questo non dimostra che da noi l'alfabetizzazione informatica è diffusa.
Dice soltanto che abbiamo un gruppo di studenti molto bravi".

Che cosa dovrebbe fare la scuola?
"A me preme un'azione più capillare di alfabetizzazione informatica.
A volte i ragazzi sanno usare il computer perché hanno imparato da soli a casa, ma non credo che basti. Oggi, poi, tra gli insegnanti vediamo gli effetti di quel ricambio generazionale che è avvenuto negli scorsi anni: molti, proprio perché più giovani, si sono resi conto dell'importanza di questo nuovo mezzo e si sono aggiornati".

C'è chi ha lanciato lo slogan "un computer in ogni classe": Lei che cosa ne pensa?
"Il computer in classe può essere utile, anche se parallelamente mi pare necessario avere laboratori informatici come il nostro. Credo che, al di là di una maggiore familiarità con l'informatica, si avrebbe un ritorno anche nell'insegnamento. Chi lo usa mi assicura che è così. Il computer in classe modifica il modo in cui si insegna, in una certa misura. E poi avere un computer in classe convincerebbe anche gli insegnanti più scettici ad avvicinarlo senza timore".

Sembra di capire che più che le macchine, il problema siano gli insegnanti...

" In un certo senso, è vero. Nel nostro liceo, ad esempio, l'anno scorso le cose sono andate molto meglio perché un insegnante era stato distaccato a tempo pieno al laboratorio informatico. Quest'anno, invece, la richiesta ci è stata bocciata e i problemi sono aumentati. Bisogna anche dire, però, che il computer nella scuola è entrato da tempo: le nostre pagelle vengono gestite da un computer, su computer stiamo archiviando i 15 mila volumi della biblioteca, grazie a un computer alcuni insegnanti in pensione stanno ordinando tutta la storia del liceo, dal 1911 ad oggi".

Di Piero Negri, in *Famiglia Cristiana*, n.44/1999

INDICA SE LE AFFERMAZIONI CHE SEGUONO SONO " VERE " O " FALSE ".
CORREGGI QUELLE " FALSE ".

	Vero	Falso
1) Molti giovani nell'uso del computer sono autodidatti.	☐	☐
....		
2) La scuola non dovrebbe dare un eccessivo peso allo studio dei computer.	☐	☐
....		
3) Un computer in ogni classe eviterebbe alle scuole la spesa per un laboratorio informatico.	☐	☐
....		
4) L'uso del computer in classe porta un cambiamento nell'insegnamento.	☐	☐
....		
5) È da poco che il computer viene impiegato nelle attività scolastiche.	☐	☐
....		

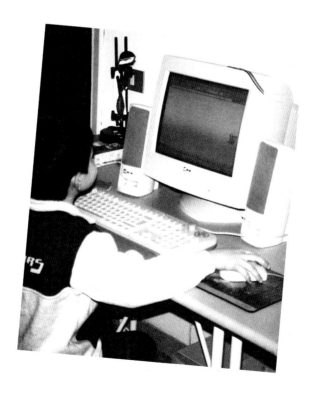

2° MOVIMENTO

USANDO GLI APPUNTI CHE SEGUONO, COSTRUISCI UN TESTO.

Ecco l'opinione di un noto giornalista sull'uso del computer a scuola:

> *Computer – classe – stupidaggine - oggi – utile – latino – filosofia – aziende – assumere laureati – lettere e filosofia – in America – una malattia – computer rage – molto studiata crearsi – un tipo analfabetismo – soprattutto – anziani – computer – comodo – rapido lavoro economia – mia opinione – dare importanza – umanesimo – non produzione.*

. . . .

. . . .

. . . .

. . . .

. . . .

. . . .

. . . .

. . . .

. . . .

. . . .

. . . .

. . . .

. . . .

. . . .

. . . .

. . . .

. . . .

. . . .

. . . .

. . . .

3° MOVIMENTO – SVILUPPO

FORMATE DEI GRUPPI DI LAVORO ED ESPRIMETE LE VOSTRE OPINIONI SULL'USO DEL COMPUTER A SCUOLA E NELLA VITA QUOTIDIANA. MOTIVATE LE VOSTRE OSSERVAZIONI

Aspetti positivi	Aspetti negativi
Il computer rende meno pesante il lavoro	Il computer impedisce la comunicazione

FINALE – PRODUZIONE SCRITTA

SVOLGI UNO DEI SEGUENTI COMPITI

1) In Italia l'uso domestico del computer non è molto sviluppato. Sono, comunque, bambini e giovanissimi in casa ad essere affascinati dal mezzo elettronico. Pensi che il computer, anche come compagno di gioco, possa essere rischioso? Motiva la tua opinione.
(fino a un massimo di 200 parole)

2) Dopo una gita arrivi con un/'amico/a in un paese della Toscana. Nella piazza centrale alcuni negozi espongono delle singolari insegne dipinte. Osserva le foto e immagina di dover spiegare al/la tuo/a amico/a cosa indicano le insegne, in quale negozio è più conveniente entrare e perché.

UNITÀ 18

Carattere e personalità

PRELUDIO

1) Nel testo che segue si parla del contrasto fra "carattere" e "personalità",
   fra come una persona "è" e come "deve essere".
   Secondo te, in quali situazioni è necessario controllare il proprio carattere?
   Perché?

2) Se dovessi, come definiresti il tuo carattere? Mite? Scontroso? Riservato o....?

3) Con quale tipo di carattere non riesci ad andare d'accordo? Perché?

1° MOVIMENTO – ATTIVITÀ

LEGGI IL TESTO E COMPLETALO CON L'AIUTO DELLE CONGIUNZIONI E DELLE PREPOSIZIONI
INDICATE.

Nel corso degli anni ho abbandonato me stessa, la parte più profonda di me, per diventare un'altra
persona, quella che i miei genitori si aspettavano che diventassi. Ho lasciato la mia personalità
....(1) acquistare un carattere. Il carattere, avrai modo di provarlo,
è molto più apprezzato nel mondo ....(2) lo sia la personalità.
Ma carattere e personalità, contrariamente a ....(3) si crede, non vanno assieme,
anzi, il più delle volte uno esclude perentoriamente[1] l'altra.
Non credere che sia stato un processo naturale lasciare la personalità ....(4) fingere un
carattere. Qualcosa in fondo a me continuava a ribellarsi, una parte desiderava continuare a essere
se stessa ....(5) l'altra, per essere amata, voleva adeguarsi alle esigenze del mondo.
Che dura battaglia!

Estratto da Susanna Tamaro, Va' dove ti porta il cuore, Baldini & Castaldi, Milano, 1994, pag. 59

> *Per, mentre, per, di quanto, quanto.*

---

[1] decisamente

OSSERVA LE IMMAGINI CHE SEGUONO. DOVE TI PIACEREBBE TRASCORRERE UN PERIODO DI VACANZA? PERCHÉ? C'È UNA PARTICOLARE AFFINITÀ FRA IL TUO CARATTERE E IL LUOGO SCELTO?

Vocabolario del carattere: che pesce sei?

ALLE SEGUENTI DOMANDE RISPONDI: SÌ, NO, OPPURE T (talvolta).

a. ⬜S ⬜N ⬜T Sei generalmente attento ai sentimenti degli altri?
b. ⬜S ⬜N ⬜T Ti senti a disagio nell'incontrare persone nuove?
c. ⬜S ⬜N ⬜T Riesci a far ridere facilmente gli altri?
d. ⬜S ⬜N ⬜T Il tuo umore cambia spesso nel corso della giornata?
e. ⬜S ⬜N ⬜T Quando devi prendere una decisione, pensi prima a te stesso?
f. ⬜S ⬜N ⬜T I tuoi amici si fidano di te? Fanno affidamento su di te?
g. ⬜S ⬜N ⬜T Ti piace stare in compagnia?
h. ⬜S ⬜N ⬜T Vorresti fare una brillante carriera?
i. ⬜S ⬜N ⬜T Riesci a capire con facilità il punto di vista di un'altra persona?
j. ⬜S ⬜N ⬜T Ti preoccupi molto dei dettagli delle cose?
k. ⬜S ⬜N ⬜T Generalmente sei sorridente e pieno di energia, di voglia di fare?
l. ⬜S ⬜N ⬜T Ti interessi dei fatti degli altri?
m. ⬜S ⬜N ⬜T Preferisci non dire la verità per non ferire gli altri?

COLLEGA GLI AGGETTIVI CHE SEGUONO ALLE DOMANDE PRECEDENTI, QUINDI PROPONI I CONTRARI.
esempio: ⬜b Timido

⬜ Tollerante   ⬜ Spiritoso   ....
⬜ Socievole   ⬜ Egoista   ....
⬜ Affidabile   ⬜ Ambizioso   ....
⬜ Sensibile   ⬜ Lunatico   ....
⬜ Diplomatico   ⬜ Curioso   ....
⬜ Meticoloso   ⬜ Vivace   ....
⬜ Timido

2° MOVIMENTO

ORA È PIÙ SEMPLICE DESCRIVERE IL TUO CARATTERE:

IO CREDO DI ESSERE PRINCIPALMENTE ....
PERCHÉ, IN GENERALE .... DEVO
RICONOSCERE, TUTTAVIA CHE ....
MOLTO DIPENDE DALLE SITUAZIONI, È OVVIO, PERÒ CHE
....
OGNUNO DI NOI HA UN PROPRIO PUNTO DEBOLE, INFATTI
.... IO PENSO CHE STIMARSI
NON SIGNIFICA RINUNCIARE ALLE PROPRIE DEBOLEZZE.

3° MOVIMENTO – SVILUPPO

ISPIRANDOTI AL DEPLIANT CHE SEGUE, FORMULA PER OGNI SITUAZIONE DUE MESSAGGI: UNO IN TONO DI FORTE DIVIETO E L'ALTRO IN TONO PIÙ BLANDO, QUASI UN CONSIGLIO.

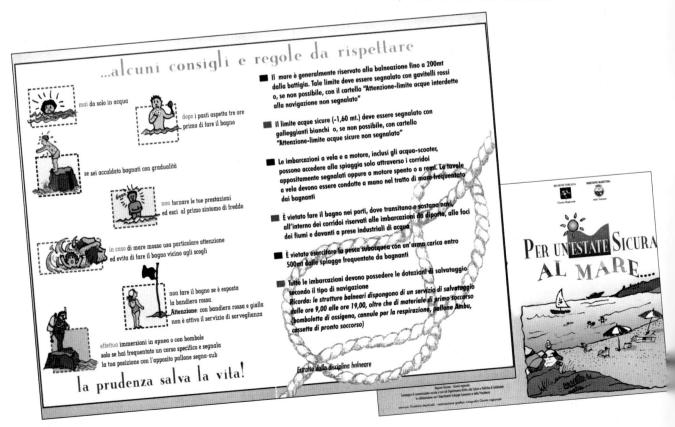

4° MOVIMENTO

AGLI ITALIANI NON PIACCIONO I LIBRI, MA NELLE FRASI CHE SEGUONO SI FA RIFERIMENTO AL LIBRO. SENZA L'AIUTO DEL VOCABOLARIO, PROVA A SPIEGARE IL SIGNIFICATO DELLE ESPRESSIONI.

1) Pietro è un **libro chiuso**, è perfettamente inutile cercare di capire quello che gli passa per la testa.
2) Fa' attenzione. Il professore non ha una grande opinione di te. Sei sul suo **libro nero**.
3) Perché non consulti **il libro dei sogni**?
   Se indovini i numeri giusti, puoi vincere una bella somma di denaro.
4) Federico è uno studente modello; il suo nome verrà scritto nel **libro d'oro** del liceo.
5) Secondo me il **libretto** di quest'opera non è bello quanto la musica.
6) A volte non lo sopporto: **parla come un libro stampato**.

5° MOVIMENTO

LAVORANDO IN GRUPPO, COMMENTATE LE SEGUENTI AFFERMAZIONI.
MOTIVATE LE VOSTRE POSIZIONI.

1) "I libri non li legge più nessuno, mentre un home-video ormai ce l'hanno tutti".
2) "Il futuro è nelle immagini che scorrono, non nelle parole che restano immobili".

Da Giuseppe Culicchia, *Paso Doble*, TEADUE, Milano, 1999

FINALE – PRODUZIONE SCRITTA

1) Commenta la seguente affermazione: " I libri hanno valore soltanto se servono e giovano alla vita, […] ed è sprecata ogni ora di lettura dalla quale non venga al lettore una scintilla di forza".

(fino ad un massimo di 200 parole)

UNITÀ 19

L'amore

PRELUDIO

1) A cosa ti fa pensare una "dichiarazione d'amore"?

2) Al giorno d'oggi, secondo te, ha ancora valore "fare una dichiarazione
   d'amore"? Perché?

3) Hai mai fatto, o ricevuto, una dichiarazione d'amore? Quale ricordo ne conservi?

VOLARE, OOOO....

1° MOVIMENTO – ATTIVITÀ

IL BRANO CHE STAI PER LEGGERE È TRATTO DA UN QUOTIDIANO. COMPLETALO INSERENDO NEGLI SPAZI NUMERATI LE PARTI DI TESTO INDICATE DI SEGUITO.

Dichiarazione d'amore all'altoparlante: tutto l'Atr 42 applaude.

ROMA - L'altoparlante del volo AZ345 Lione - Roma gracchia, poi la voce si fa chiara: *"Sei la ragazza più bella del mondo, vuoi passare i prossimi cento cinquant'anni della tua vita con me?".* _____ *(1) in viaggio a 5 mila metri d'altitudine. Poi un " sì " pronunciato ad alta voce e tutti si voltano a guardare lei, la destinataria dell'insolita proposta di matrimonio.* _____ *(2) dell'Alitalia. Il giovane spasimante, un francese di 33 anni si è presentato in jeans e felpa sportiva al comandante: " Mi chiamo Vincent Biard, potrei fare un annuncio all'interfono?" Lei, Tea Costa, una bellissima napoletana di 29 anni, era ignara di tutto. Il fidanzato le aveva solo proposto una vacanza a Roma.* _____ *(3), mentre una hostess scoppiava in lacrime per l'emozione e piloti e passeggeri applaudivano intonando " tanti auguri ".*

Vincent, imprenditore di Clermont-Ferrand, ha progettato con scrupolo il suo piano.

I due giovani si sono conosciuti un paio di anni fa durante una vacanza, ed è stato amore a prima vista. _____ *(4) però un argomento tabù. Se lei ne parla, lui svicola con eleganza.* _____ *(5) subito dopo colazione. " Usciamo di casa, prendiamo l'aereo e andiamo a goderci un week end a Parigi", le propone davanti a caffè e croissant. Lei, partita dall'Italia giorni fa per stare un po' con lui accetta entusiasta. All'arrivo all'aeroporto di Lyon, il primo cambiamento di programma, "Senti, preferisco Roma: vediamo il Colosseo, poi prendiamo il treno per Napoli e stiamo tutto il fine settimana con i tuoi", dice Vincent guardando negli occhi la ragazza che per la seconda volta gli dice di sì. Dopo il decollo,* _____

(6) e si alza dalla poltroncina portando con sé una piccola borsa da viaggio. Si avvicina a una hostess e senza farsi sentire da Tea le chiede di parlare col comandante. Ottenuto il permesso di usare l'interfono Vincent entra nella toilette e si cambia, indossando un elegantissimo doppio petto nero. Poi fa l'annuncio. Seguono la consegna dell'anello di fidanzamento, baci, abbracci e occhi lucidi per molti.

Di Alessandro Fulloni, *"Il Corriere della Sera"*, 12 ottobre, 1999

a) Sabato la prima sorpresa, già al mattino,

b) Vincent slaccia la cintura di sicurezza

c) E' accaduto sabato a bordo di un Atr 42

d) Sorpresa e curiosità tra i passeggeri

e) Quello del matrimonio sembrava

f) Il suo sì l'ha quasi urlato

2° MOVIMENTO

RILEGGI IL TESTO ANCORA UNA VOLTA E, SENZA L'AIUTO DEL VOCABOLARIO, IMMAGINA IL SIGNI-FICATO DELLE ESPRESSIONI DELLA COLONNA DI SINISTRA AIUTANDOTI CON LE SPIEGAZIONI PRESENTI NELLA COLONNA DI DESTRA.

1. gracchiare	a. incominciare a cantare
2. destinataria	b. indumento sportivo morbido e vellutato
3. felpa	c. cercare di evitare qualcuno o qualcosa
4. intonando	d. dispositivo per comunicare a piccola distanza
5. interfono	e. completo maschile di giacca e pantaloni
6. doppio petto	f. emettere suoni fastidiosi
7. svicolare	g. la persona cui è diretto un messaggio, una lettera

3° MOVIMENTO – SVILUPPO

COSA TI PIACE DI PIÙ E COSA DI MENO IN UNA RELAZIONE?
NUMERA IN ORDINE CRESCENTE DA 1 A 10 LE PROPOSTE SEGUENTI. IL NUMERO 1 INDICA CIÒ CHE PREFERISCI, IL NUMERO 10 QUELLO CHE NON APPREZZI.
MOTIVA LA TUA POSIZIONE.

- Gelosia ....
- Passionalità ....
- Romanticismo ....
- Possesso ....
- Libertà ....
- Sicurezza ....
- Rivalità ....
- Litigiosità ....
- Amicizia ....
- Fiducia ....
- Complicità ....

FINALE – PRODUZIONE SCRITTA

COMMENTA UNA DELLE AFFERMAZIONI CHE SEGUONO.

1) L'amore dura solo finché c'è un ostacolo

2) Per una ricercatrice italiana "la passione amorosa è una malattia".
   Vuol dire che presto avremo pillole per curarla.

3) L'amore è una formula matematica composta da:
   a. attrazione del partner,
   b. il piacere della sua compagnia,
   c. il desiderio di intimità,
   d. il bisogno di essere accettati,
   e. la paura di essere abbandonati.

(fino ad un massimo
di 200 parole)

POSTLUDIO

1 COMPLETA IL TESTO SEGUENTE CON GLI ARTICOLI ADATTI, SE SONO NECESSARI:

QUESTE PROMESSE PRESTO IN TAVOLA

.... ricerche condotte su................. pomodori, rivelano che questi ortaggi riducono .... rischio di .... malattie di .... cuore e di essere colpiti da molti tumori, grazie a................. presenza di................. licopene e beta - carotene.

.... équipe di ricercatori giapponesi, inglesi e tedeschi è riuscita ad aumentare .... quantità di queste sostanze in .... pomodori. Questa modifica fa anche sì che .... contenuto in beta - carotene triplichi. In .... Stati Uniti sono riusciti ad ottenere .... patate con .... maggior contenuto di amido, riducendo .... percentuale di .... acqua. Questa nuova patata ha .... vantaggio di assorbire meno olio (solo .... terzo rispetto a quella normale) durante .... cottura e ha, quindi, ... vantaggio di apportare meno calorie. .... ricercatori francesi sono riusciti a "costruire" .... patata che libera grandi quantità di fruttosio quando viene schiacciata e cucinata. .... vantaggio è che può essere utilizzata in .... prodotti per diabetici. Alcuni scienziati americani sono riusciti ad inserire in .... alcuni tuberi .... sequenza di geni che comanda .... produzione di .... antigene di................. epatite B, ... suo componente capace di stimolare .... difese di................. organismo contro questa infezione. Merita ricordare, infine, ... melanzana senza semi perché è .... dei pochi successi italiani in .... questo campo. L'hanno creata .... ricercatori di .... Istituto sperimentale per .... agricoltura di Montanaso Lombardo, vicino a Lodi. E' .... melanzana che non ha semi, riesce a crescere anche a .... gelo ed è più dolce.

2 NEL BRANO CHE SEGUE INSERISCI NEGLI SPAZI NUMERATI GLI ARTICOLI DETERMINATIVI O INDETERMINATIVI

.... (1) cinquantenne Nutella è .... (2)unica "conseguenza" dolce del fascismo. Durante .... (3) Il Guerra Mondiale, ...(4) embargo internazionale impedisce all'Italia di importare cacao, e così viene creato .... (5) surrogato di cioccolato che viene addizionato di pasta di nocciole per renderlo più gradevole.

.... (6) altro mito decennale sono .... (7) baci di cioccolato e nocciole con pensierino romantico inserito.

.... (8) nativi del Centramerica e del Brasile somministrano bevande di cacao ai malati come eccitante e farmaco; anche Cagliostro, molti secoli dopo, gli attribuisce potere energetico e rinvigorente.

Scrive così .... (9) medico olandese:

"Chiunque occupi nel lavoro gran parte del tempo destinato al sonno, chiunque, essendo intelligente, si senta momentaneamente svanito o non possa sopportare ....(10) atmosfera umida e pesante, chiunque sia tormentato da ....(11) fissazione che lo priva della libertà di pensare: tutti costoro si prendano .... (12) mezzo litro di cioccolata ambrata e vedranno miracoloso ristabilimento".

3 NEL BRANO CHE SEGUE INSERISCI NEGLI SPAZI NUMERATI GLI ARTICOLI DETERMINATIVI O INDETERMINATIVI

M.U.C. Movimento degli Uomini Casalinghi

È sempre più frequente .... (1) immagine dell'uomo in casa ad accudire bambini e anziani, a preparare cibi naturali e fare .... (2) bucato. .... (3) donna, contrariamente agli stereotipi e alle tradizioni consolidate da secoli, al lavoro. Di più: .... (4) donna impegnata a costruire .... (5) mondo nuovo, a sua immagine e somiglianza, poiché quello "degli uomini" non ha funzionato molto bene. Guerre, battaglie per .... (6) potere, scarsissima sensibilità, ... (7) rapporto con .... (8) natura e .... (9) vita in tutte .... (10) sue forme sempre più arido. Ai ragazzi del "Movimento degli uomini casalinghi", ... (11) specie di rivoluzionari dalle idee dirompenti, è venuta .... (12) idea di rimettere............ (13) destini del mondo nelle mani delle donne e dar modo all'uomo di riscoprire .... (14) proprio corpo, ... (15) importanza dei rapporti sociali, ... (16) valore del rispetto della natura....
Per modificare .... (17) futuro basterebbe che .... (18) lavori domestici passassero nelle mani dell'uomo, per lui sarebbe .... (19) terapia salutare, per .... (20) donna sarebbe tempo liberato e .... (21) possibilità di agire con maggiore libertà. Ai più sembrerà .... (22) tentativo di golpe. E, in effetti, è probabile che lo sia. .... (23) idea dell'uomo casalingo prevede .... (24) rovesciamento totale dei ruoli. Dà .... (25) colpo da KO alle società patriarcali e alla loro organizzazione familiare.

4 REINSERISCI NEGLI SPAZI NUMERATI LE PREPOSIZIONI NECESSARIE

Devo riconoscere che amo la musica molto più ......(1) ogni altra forma ......(2) arte. Quando torno ....(3) casa ....(4) sera è ....(5) me estremamente piacevole accendere l'impianto stereo, inserire un Cd ....(6) lettore e lasciarmi avvolgere ....(7) mia musica preferita. A dir la verità, una "mia" musica preferita non esiste. C'è un brano musicale, o un'opera, ...(8) ogni momento significativo.................(9) mia vita. Quando ero giovane, ...(10) esempio, ascoltavo ossessivamente uno stesso brano ....(11) tutto il tempo che dedicavo ....(12) studio. Allora amavo i Genesis, gli Yes, i Pink Floyd e i King Crimson. Pochissima musica italiana. Perché? Semplice. ....(13) epoca non capivo l'inglese e quindi la magia............ (14) musica non conosceva limiti e ogni pezzo poteva interpretare .... (15) perfezione uno stato ....(16) animo, un desiderio segreto, una situazione particolare. In ogni caso, oggi apprezzo anche la musica italiana, sebbene l'evoluzione .... (17) miei gusti mi abbia spinto verso la musica etnica. ....
(18) Italia la musica leggera la fa da padrona, ma, ... (19) questo, credo di essere un italiano atipico. Preferisco, infatti, ascoltare Bach o Vivaldi piuttosto che le canzonette "d'amore".
È vero, però, che .... (20) qualche anno l'interesse verso la musica classica è aumentato.
Pare che.................. (21) 1999 gli italiani abbiano speso oltre 80 miliardi .... (22) lire ....
(23) l'acquisto di biglietti .... (24) concerti di musica classica.
È un buon segno, no?

5 TRASFORMA DAL PASSATO AL PRESENTE IL SEGUENTE BRANO TRATTO DA "IL FANTASMA DI MOZART", DI LAURA MANCINELLI:

Era un'ombra di tristezza la luce del sole, inclinata nel tramonto, sopra l'acqua del fiume.

Appoggiata al muretto della sponda, la guardava muoversi al lento fluire della corrente, che si intuiva densa e scura sotto il superficiale lumeggiare del sole.

Era arrivata in anticipo all'appuntamento, come spesso accadeva, ed era stata catturata dalla malinconia di quel momento in cui la luce sta per scomparire.

E non riusciva a sottrarre la mente al fascino di ciò che potrebbe essere, e tuttavia non è, o è stato e si ricorda come se racchiudesse tutta la gioia della vita.

Il tramonto contiene in sé la perfidia di far apparire meraviglioso ciò che non possediamo o non possediamo più.

La sua mente correva a quell'aria in cui la contessa d'Almaviva nelle *Nozze di Figaro* ricorda i bei momenti dell'amore trascorso ed ora lontano.

Momenti irripetibili, come tutti i momenti veri della vita.

E che lasciano una traccia incancellabile.

Nel ricordo è piacevole anche l'ansia dell'attesa, del volere e disvolere, sperare e disperare, che nell'amore si mescolano insieme come inseparabili fratelli, e il presentimento di un passo, di un suono.

E il tocco di una mano. Il calore che improvviso accende la pelle.

Il battito smorente del polso, lo sguardo che alle cose esterne si vela e si nega.

L'acqua scura e lenta del Po rifletteva ricordi e nostalgie come specchio fedele al pensiero.

6 SOSTITUIRE L'INFINITO CON I TEMPI ADATTI DEL MODO INDICATIVO

Semi "amari" come la sofferenza ma forti ed eccitanti come la virtù: la pianta che li .... (produrre), secondo una leggenda .... (nascere) infatti dal virtuoso sangue di una principessa che molto .... (soffrire).

Probabilmente i primi a coltivare il cacao .... (essere) i Maya e la altre popolazioni centroamericane: lo .... (usare) come moneta e come bevanda.

I sudditi .... (pagare) tasse con semi; 10 semi .... (valere) un coniglio, 100 uno schiavo.

Una delle punizioni per la moglie colpevole di adulterio o altri crimini, ... (essere) vietarle di godere della bevanda al cioccolato.

Il nome della cioccolata sembrerebbe derivare dal termine composto azteco *xoco -latl*, forse da *atle*, acqua, e da *xoc*, lo schiocco fatto dalla bevanda sbattuta per ricavarne la schiuma.

In Italia il consumo della cioccolata .... (essere) introdotto da un certo Carletti che .... (diventare) un cacaodipendente.

Ai primi del '700 la colazione dei torinesi facoltosi .... (essere) una bevanda a base di caffè, cioccolato e latte.

Alcune figure illustri .... (mostrare) una voracità impressionante.

Napoleone .... (chiedere) la sua "bevanda bruna" ogni volta che .... (dovere) ritemprarsi; Voltaire ne .... (assumere) fino a 12 tazze al giorno. Invece M. me de Sévigné .... (raccontare) di una ragazza che ....(partorire) un figlio di pelle nera per aver mangiato troppo cioccolato.

7 COMPLETA CON I PRONOMI PERSONALI DIRETTI E INDIRETTI E CON LA FORMA CORRETTA DELL'IMPERATIVO IL SEGUENTE BRANO TRATTO DA "LA VITA AGRA" DI LUCIANO BIANCIARDI, RIZZOLI, 1975:

Al bar lì accanto avevo già visto quattro uomini senza cravatta che giocavano a carte, e così andai là, a dire che c'era un ubriaco ferito, e che da solo non ce la facevo a rimetterlo in piedi, e che anzi provandoci m'era caduto battendo la testa.

I quattro alzarono appena gli occhi, senza dire niente.

"Be'" fece poi uno, visto che io non me ne andavo.

"C'è un ubriaco là per terra".

"E allora?"

" .... una mano a rialzarlo". (dare + pronome)

"Si rialzerà da sé".

"Non ce la fa. L'ho aiutato io, ma m'è ricaduto e perde sangue".

"E noi cosa ci entriamo? È successo a lei, no? .... (vedersela) lei".

E riattaccarono a giocare a carte.

"La croce rossa" mi disse allora una donna che stava lì vicino seduta davanti a un bicchiere.

" .... (telefonare) alla croce rossa".

Andai al banco e chiesi dov'era il telefono.

"Non è a gettone" mi disse l'uomo.

"................... (fare + pronome) telefonare lo stesso".

"Non è a gettone" ripeté. "Là davanti, ... (andare). Quello è a gettone".

Là davanti mi rivolsi alla cassiera: "C'è un ferito per strada, ... (dare + pronome) il numero della croce rossa, per favore".

"Vuol telefonare da qui?"

"Sì, non è un telefono pubblico?"

"Sì, ma ....(raccomandarsi), ... (non fare) il nome del locale, questo è un locale per bene e non vogliamo storie con la croce rossa".

"Va bene, non faccio nomi. .... (dare + pronome) il numero".

"................... (cercare + pronomi) sulla guida". E mi indicò il mobiletto sotto il telefono.

Cercai il numero, poi chiesi il gettone".

"La moneta" fece la donna.

"Cosa?"

"Le venti lire".

Gliele diedi ed ebbi il gettone. La croce rossa prima risultò occupata, poi mi dissero che l'autoambulanza era fuori, ma che avrebbero provveduto subito: chiesero la strada, e io gliela indicai.

8 RIMETTI AL LORO POSTO LE FORME VERBALI DELL'IMPERATIVO NEL TESTO SEGUENTE, DAL TITOLO "SE ARRIVA IL TERREMOTO ..." CAMPAGNA DI EDUCAZIONE DELLA POPOLAZIONE SUL COMPORTAMENTO IN CASO DI TERREMOTO.

Il terremoto: un fenomeno naturale non prevedibile, che dura molto poco, quasi sempre meno di un minuto. La tua sicurezza dipende soprattutto dalla casa in cui abiti. Se è costruita o adattata in modo da resistere al terremoto, non subirà gravi danni e ti proteggerà.

Ovunque tu sia in quel momento, è molto importante mantenere la calma e sapere cosa fare. .... ad affrontare il terremoto, ... fin da ora.

Seguire alcune semplici norme di comportamento può salvarti la vita.

.... riparo all'interno di una porta in un muro portante o sotto una trave. Se rimani al centro della stanza potresti essere ferito dalla caduta di vetri, intonaco o altri oggetti.

Non .... fuori per le scale: sono la parte più debole dell'edificio.

Non .... l'ascensore: si può bloccare. In strada potresti essere colpito da vasi, tegole ed altri materiali che cadono. .... gli interruttori generali del gas e della corrente elettrica, alla fine della scossa, per evitare possibili incendi. .... alla fine della scossa. .... le scarpe: in strada potresti ferirti con vetri rotti. .... uno spazio aperto, lontano dagli edifici e dalle linee elettriche. Non .... le strade. Servono per i mezzi di soccorso. .... l'automobile solo in caso di assoluta necessità.

> Prepararsi, pensarci, cercare, precipitarsi, usare, chiudere, uscire, indossare, raggiungere, bloccare.

9 COMPLETA LE SEGUENTI FRASI CON GLI OPPORTUNI PRONOMI RELATIVI:

1) La vacanza .... abbiamo appena finito è stata veramente rilassante: non credo di aver mai visto posti così belli, ... non si è mai sentito parlare.

2) Il film .... mi hanno tanto parlato non è stato bello come mi aspettavo: la scena più bella è stata solamente una, quella .... protagonista era Margherita Buy.

3) Domani andremo a comprare le scarpe .... hai bisogno.
   C'è un negozio .... fa degli sconti eccezionali.

4) Il gelato .... abbiamo appena mangiato è stato fatto da Mario: è riuscito veramente a creare dei gusti nuovi .... difficilmente si possono trovare in giro.

5) Il professore, ... libro ho appena comprato, fa delle lezioni molto interessanti.

6) Sto organizzando un lavoro .... richiede molto impegno: spero di trovare persone .... collaborino attivamente con me.

7) Non sento un mio amico da tanto tempo: sapevo che avrebbe dovuto sposarsi entro breve tempo, ma la fidanzata, ... mamma era malata, aveva chiesto di rimandare le nozze.

8) Ormai non c'è rimasto molto tempo per studiare per l'esame!
   Spero che la professoressa, ... bontà è nota a tutti, non sia crudele con me.

10 COMPLETA LE FRASI CHE SEGUONO INSERENDO NEGLI SPAZI I PRONOMI RELATIVI NELLA FORMA OPPORTUNA

1) Non voglio parlare .... non sa rispettare il punto di vista di un'altra persona.
2) Mi piace scrivere con la stilografica .... mi hai regalato.
3) I libri .... studio, sono vecchi, ma ancora molto buoni.
4) .... volesse partecipare alla visita guidata al museo, deve prenotarsi in tempo.
5) La casa .... vivo, l'ho progettata io.
6) Questo è il catalogo della mostra .... ti ho parlato. Devi andare a vederla!
7) La musica .... ascolto, mi tranquillizza.
8) Politica? Ecco un argomento .... non si può parlare in classe!
9) Ho perso la cartella .... tenevo tutti i miei documenti.
10) La macchina .... ho comprato consuma poco ed è comoda.
11) Se vuoi, ti presto gli appunti .... ho preparato l'esame di letteratura.
12) I monumenti .... sono stati fatti dei graffiti, perdono molto del loro fascino.
13) Alcune riveste hanno delle copertine .... sembrano opere d'arte.
14) L'ironia è una delle qualità .... le donne apprezzano di più in un uomo.
15) Un medico americano ha sperimentato un vaccino .... aiuterebbe i fumatori a smettere di fumare.
16) La bioalimentazione, ... si parla tanto, non è, però, alla portata di tutti.

11 LEGGI ATTENTAMENTE IL TESTO SEGUENTE E INSERISCI NEGLI SPAZI NUMERATI I PRONOMI RELATIVI NELLE FORME NECESSARIE

Gubbio Festival

Gubbio propone per il 2000 un Festival .... (1) è caratterizzato da profonde innovazioni organizzative e tematiche.

Aperto, innanzitutto, a una stretta collaborazione con Spoleto, ... (2), in Umbria, è un indiscusso laboratorio di cultura musicale e con " Metronome" .... (3) vanta una pluriennale esperienza nella proposta di eventi di grande livello, seguendo una tendenza di sviluppo .... (4) esige la concentrazione delle capacità e delle risorse per dare vita a manifestazioni di sempre maggiore qualità.

Il Festival quest'anno si rivolge alla tradizione musicale ispanica .... (5) la nostra cultura ha forti legami e simili origini storiche.

Da questo legame è nata una tradizione artistica .... (6) è frutto di continui scambi e di contaminazioni .... (7) costituiscono uno dei patrimoni più aperti e insieme caratteristici della società contemporanea.

Un programma .... (8) si propone di gettare un ponte fra due obiettivi .... (9) rappresentano una costante nel panorama estivo della nostra Regione: la qualità della proposta e il coinvolgimento del vasto pubblico.

12 NEL BRANO SEGUENTE SOSTIUISCI L'INFINITO CON LE FORME OPPORTUNE DEL CONDIZIONALE

Fra le tante peculiarità italiane ce n'è una che .... (essere) bene cambiare per evitare di risultare sgradevoli. Immaginate di trovarvi all'estero e di entrare in un qualunque negozio per fare degli acquisti. Come ....(reagire), se, ad esempio a Parigi, il commesso vi si avvicinasse e vi dicesse:*"Dites donc! Dites alors!"*

A Londra, in un qualunque negozio, a nessuno .... (venire) in mente di dire a un potenziale cliente " *Say!*" o " *Speak up!*". E cosa .... (dire) un tedesco a una commessa che dicesse con un sorriso:" *Sagen Sie!*"?

Noi italiani non passiamo per essere bruschi e sbrigativi, eppure spesso, sempre più spesso, entrando in un negozio veniamo accolti da un perentorio "Dica!" che, a ben vedere, ... (essere) un invito a scegliere ciò che ci interessa, comprarlo e uscire.

Dica, compri e se ne vada, dunque.

Perché si fa uso di una formula d'accoglienza così screanzata?

Secondo alcuni tutto .... (dipendere) dal fatto che il venditore, dietro al suo bancone, si sente in posizione di superiorità.

In una società evoluta, i rapporti umani .... (dovere) essere paritari.

Al contrario in una meno sviluppata nei rapporti umani .... (esserci) sempre chi comanda e chi obbedisce. Così chi si trova dietro uno sportello, uno qualunque, ...(assumere) il tono e le maniere di chi sta gerarchicamente in posizione superiore. Questa ....(potere) anche apparire una esagerazione, ma io vi .... (consigliare) di prestare attenzione, la prossima volta che entrerete in un ufficio postale, ad esempio, o in una banca.

13 COMPLETA IL TESTO SEGUENTE CON I TEMPI DEL CONGIUNTIVO USANDO I VERBI TRA PARENTESI.

Sembra proprio che la scarsità del lavoro .... oggigiorno ad accettare lavori che una volta nemmeno si sognava di fare. Si dice che l'uomo, da sempre, ... il "sesso forte", ancora oggi questo luogo comune esiste e corrisponde forse alla realtà; ma quello che colpisce di più è il fatto che l'uomo, il maschio ...... diventare sempre di più simile alle donne. Sembra che .... a raggiungere la parità con le donne, quando fino a poco tempo fa sembrava che .... le donne gli esseri inferiori. Pare che nel mondo di oggi tutto ...., quello che una volta era bianco oggi è nero, e viceversa.

A patto che ognuno .... il suo ruolo, nella società odierna è tutto possibile: capovolgimenti di situazioni, ribaltoni, cambiamenti di idee o di opinione, lavori da donne che diventano da uomini, tutto va bene, purché non .... distrutta la fantasia, la capacità di immaginare nuovi orizzonti e nuove realtà, e la capacità personale di creare, inventare e saper fare cose nuove.

| Essere, portare, volere, capovolgersi, affannarsi, venire, mantenere. |

14 NELLE FRASI SEGUENTI SOSTITUISCI L'INFINITO CON I TEMPI OPPORTUNI DEL CONGIUNTIVO

1) Non credo che l'ultimo CD di Pavarotti .... (avere) molto successo.
2) Mi pare che tu oggi .... (avere) l'aria stanca, cosa ti è successo?
3) Prima che tu .... (partire), vorrei che tu .... (venire) a cena da noi.
4) Sebbene tu .... (mangiare) molto e con appetito, non capisco come....................
(riuscire) a non ingrassare.
5) Che dopo un mese di intenso lavoro voi...................... (sentirsi) stanchi, è del tutto naturale.
6) Pare che i presidenti delle due società..................... (incontrarsi) già ieri.
7) Lascia che ti .... (spiegare) perché quel libro non mi è piaciuto per niente e poi
potremmo discutere.
8) Non vorrei che tu .... (pensare) che non apprezzi la tua compagnia, è che sono stanco.
9) Visitando Roma, credo che voi .... (potere) avere un'idea dell'intera storia dell'arte italiana.
10) Se hai meno di 25 anni, qualunque .... (essere) la meta del tuo viaggio, il treno è
senz'altro il modo più economico e veloce per spostarsi.

15 NEL BRANO SEGUENTE SOSTITUISCI L'INFINITO CON I TEMPI OPPORTUNI DEL CONGIUNTIVO

Ieri abbiamo fatto una gita sul Monte Peglia. Nonostante alla partenza io non .... (essere) molto
convinto, sai che camminare non è il mio forte, mi sono dovuto ricredere.
Non sapevo che il monte anticamente .... (essere) un vulcano.
Mi sono stupito di come la natura .... (potere) unire la dolcezza delle verdi colline dell'Umbria
e il fuoco di un vulcano. Io proprio non lo sapevo!
La gita è stata organizzata in modo che tutti i sensi dei partecipanti .... (essere) stimolati: boschi
profumati, aria fresca, panorami amplissimi, cibi squisiti.
C'era la possibilità di seguire anche una lezione di yoga! Mario, un volontario del Centro di Educazione
Ambientale, è convinto che queste esperienze .... (essere) particolarmente importanti per i bambini. Devo riconoscere che, malgrado io non .... (essere) un gran camminatore, le due ore
dell'escursione sono passate molto piacevolmente.

16 COMPLETA LE FRASI SEGUENTI CON TEMPI E MODI VERBALI TIPICI DEL PERIODO
IPOTETICO DEI VERBI CHE CREDI OPPORTUNI:

1) Se .... una casa più grande, ... ogni giorno tanti amici.
2) Se .... tanti soldi, non .... tanti problemi.
3) Se .... , ... il giro del mondo.
4) Ti ...., se .... che avevi bisogno di aiuto.
5) Non .... di te, se ti .... Sempre bene.
6) Se .... , ... fare quello che voglio.
7) Se non .... l'altra sera, non .... così male alla fine della festa.
8) Se domani ...., non .... andare in gita.
9) Se mio padre .... la possibilità, non .... tanto nella sua vita.
10) Sergio .... andare al mare, se non .... per i figli.
11) Se tu .... onesto fino in fondo, non .... così il tuo datore di lavoro.
12) Qualora .... in ufficio, ... che richiamino dopo le cinque.

17 TRASFORMA I VERBI EVIDENZIATI DALLA FORMA IMPLICITA A QUELLA ESPLICITA

1) **Dovendo** finire il lavoro con urgenza, stasera preferisco restare a casa.
2) **Finite** le vacanze, i miei zii sono ritornati a Napoli.
3) **Pur non avendo** molto spazio disponibile, ho accolto ugualmente in casa il cucciolo: era troppo simpatico.
4) **Avendo fatto** attenzione, non avresti commesso un errore così sciocco.
5) **Uscendo** di casa, ho incontrato un amico che non vedevo da tempo.
6) Tutte le sere sento i bambini **giocare** in cortile e me ne rallegro.
7) **Sbagliando**, si impara.
8) Non gridare! Si dicono un sacco di sciocchezze **gridando**.
9) **Volendo**, possiamo fare quattro passi e andare, poi, al cinema.
10) **Pur cantando** bene, Carla si è rifiutata di entrare a far parte del coro dell'università.
11) **Potendo**, comprerei anch'io un'auto nuova.
12) Dopo **aver ricevuto** il telegramma di Angelo, Federico si è affrettato a rispondergli.
13) Mi piace veder **brillare** le stelle in cielo d'inverno quando l'aria è limpida.
14) **Avendo** già **visto** quel film, posso dirti che non è un capolavoro.
15) Non sono dimagrito, **pur avendo seguito** una dieta rigida.
16) **Volendo** dimagrire, è meglio fare una dieta equilibrata piuttosto che una rigida.

18 NEL SEGUENTE BRANO DI ALESSANDRO BARICCO TRATTO DA "OCEANO MARE", RICOMPONI IL TESTO CON I MODI INDEFINITI:

"Poteva succedere qualsiasi cosa, in quell'istante. Davvero ci sono momenti in cui l'onnipresente e logica rete delle sequenze casuali si arrende, ... (cogliere) di sorpresa dalla vita, e scende in platea, ... (mescolarsi) tra il pubblico, per .... (lasciare) che sul palco, sotto le luci di una libertà vertiginosa e improvvisa, una mano invisibile peschi nell'infinito grembo del possibile e tra milioni di cose, una sola ne lasci accadere. Nel triangolo silenzioso di quei tre uomini, passarono tutte, le cose a milioni che vi sarebbero potute esplodere, in processione, ma in un lampo, fino a che, ... (diradarsi) il bagliore e il polverone, una sola, minuta, apparve, nel cerchio di quel tempo e di quello spazio, ... (sforzarsi) con qualche pudore di accadere.
E accadde. Che il barone – il barone di Carewall – prese a piangere, senza nemmeno nascondere il volto tra le mani, ma solo .... (lasciarsi) andare contro lo schienale del suo sontuoso sedile, come .... (vincere) dalla stanchezza, ma anche come .... (liberare) da un peso enorme.
Come un uomo finito, ma anche come un uomo salvato.

19 RIPORTA NEL DISCORSO INDIRETTO LE PARTI DIALOGATE DEL SEGUENTE BRANO TRATTO DA "LESSICO FAMIGLIARE" DI NATALIA GINZBURG, TORINO, EINAUDI, 1963, (PP. 28-29):

Mio padre a tavola mangiava moltissimo, ma così in fretta, che sembrava non mangiasse nulla, perché il suo piatto era subito vuoto; ed era convinto di mangiare poco, e aveva trasmesso questa sua convinzione a mia madre, che sempre lo supplicava di mangiare. Lui invece sgridava mia madre, perché trovava che mangiava troppo.
Non mangiar troppo! Farai l'indigestione!
[...] Tutti noi, secondo mio padre, mangiavamo troppo, e avremmo fatto indigestione.

Delle pietanze che a lui non piacevano, diceva che facevano male, e che stavano sullo stomaco; delle cose che gli piacevano, diceva che facevano bene, e che "eccitavano la peristalsi".
Se veniva in tavola una pietanza che non gli piaceva, s'infuriava: – Perché fate la carne in questo modo! Lo sapete che non mi piace! – Se per lui solo facevano un piatto di qualcosa che gli piaceva, s'arrabbiava lo stesso:
Non voglio cose speciali! Non fatemi cose speciali!
Io mangio tutto, – diceva. – Non sono difficile come voialtri. M'importa assai a me del mangiare!
Non si parla sempre di mangiare! È una volgarità! – tuonava, se ci sentiva parlare fra noi d'una pietanza o dell'altra.
Come mi piace a me il formaggio, – diceva immancabilmente mia madre, ogni volta che veniva in tavola il formaggio; e mio padre diceva:
Come sei monotona! Non fai che ripetere sempre le stesse cose!
A mio padre piaceva la frutta molto matura; perciò quando a noi capitava qualche pera un po' guasta, la davamo a lui.
Ah, mi date le vostre pere marce! Begli asini siete! – diceva con una gran risata, che echeggiava per tutta la casa; e mangiava la pera in due bocconi.
Le noci, – diceva schiacciando le noci, – fanno bene. Eccitano la peristalsi.
Anche tu sei monotono, – gli diceva mia madre. – Anche tu ripeti sempre le stesse cose.
Mio padre allora s'offendeva: – Che asina! – diceva. – Mi hai detto che son monotono! Una bell'asina sei!

20 COMPLETA LE SEGUENTI FRASI CON GLI AGGETTIVI O GLI AVVERBI ADATTI SCEGLIENDOLI TRA QUELLI POSTI PARENTESI:

1) I ragazzi avevano .... (molto) fame: hanno mangiato .... (molto) pizze.
2) Il dolce era .... (tanto) buono che ne ho mangiate tre fette.
3) Luigi si impegna .... (molto) ed esce .... (poco); è un bravo studente ma ha .... (poco) amici e .... (tanto) libri.
4) Sara non studia .... (molto) ed esce .... (troppo): fa .... (poco) esercizi.
5) In questo esame, Carlo è andato .... (molto) meglio dell'altra volta.
6) Oggi fa .... (molto) freddo, c'è .... (poco) sole, ... (tanto) pioggia e .... (tanto) vento. Fuori c'è .... (tanto) neve e .... (poco) persone in giro. D'inverno non si esce .... (molto).
7) Vorrei comprarmi .... (tanto) cose ma purtroppo ho .... (poco) denaro.
8) Un'ora per scrivere un tema mi sembra .... (poco) .
9) Adriana ha l'influenza: sta .... (poco) bene e non parla .... (molto), non ha .... (tanto) fame, mangia .... (poco) e ha .... (molto) freddo.
10) Sono un .... (poco) stanco perché ho studiato .... (molto) ieri. Ma ancora ho ....(molto) compiti da fare.
11) Ieri sera mi ha telefonato Paolo dall'America: abbiamo parlato .... (molto) per .... (tanto) minuti. Mi rendo conto che abbiamo parlato .... (troppo) ma era .... (tanto) tempo che non ci sentivamo!

21 COMPLETA I BREVI DIALOGHI CON GLI AGGETTIVI E GLI AVVERBI IRREGOLARI ADATTI SCEGLIENDOLI TRA QUELLI ELENCATI SOTTO:

– Carlo, hai visto l'ultimo film di Stanley Kubrik? Che ne dici, vale la pena di vederlo?
– Sì, è un film particolare, pieno di atmosfera e di mistero, ma secondo me non è uno dei .... film del regista inglese.

– Ieri siamo andati a mangiare al Castello dell'Oca.
– Avete mangiato bene?
– Sì, fanno un' .... pizza, con ingredienti che arrivano direttamente da Napoli.

– Dobbiamo andare a comprare il regalo per il matrimonio di Marco e Chiara.
– Venite con me, vi porto da Antonucci, si spende .... e si comprano articoli di qualità.
– D'accordo, dei tuoi suggerimenti ci possiamo fidare, ci hai sempre consigliato ....

– Veramente ieri Mario ha fatto una .... figura con Claudia, quando le ha detto che vestita in quel modo sembrava un ippopotamo!
– Eh, sì, Mario non ha mai avuto molto tatto.

– Mi raccomando, non tornate tardi, stasera, perché domani avete l'esame!
– D'accordo, saremo a casa al .... alle 11.

– E se andassimo al mare sabato prossimo?
– Le previsioni non sono belle, ma nella .... delle ipotesi andremo a visitare qualche museo o parco.

> *Pessimo – migliore – bene – benissimo – peggiore – massimo – ottimo.*

22 FAI DELLE FRASI USANDO I SEGUENTI AGGETTIVI E AVVERBI IRREGOLARI:

> *Meglio, più, minore, superiore, ottimamente, acerrimo, infimo, minimo, maggiore, supremo.*

....
....
....
....
....
....
....
....
....
....
....
....

23 COMPLETA IL SEGUENTE SCHEMA, SCRIVENDO AGGETTIVI DI GRADO MEDIO, PARTENDO DA UN GRADO BASSO E AUMENTANDO FINO AL MASSIMO

es. a partire da caldo:

| **Caldo,** *impercettibile, torrido, rovente, afoso, tormentoso, insopportabile, atroce .* |

Donna ....
....

Scuola ....
....

Bellezza ....
....

Treno ....
....

Letto ....
....

Racconto ....
....

24 NEL SEGUENTE BRANO TRATTO DA "LA COSCIENZA DI ZENO" DI ITALO SVEVO (P. 11 ED ACQUARELLI, 1993), REINSERISCI I VERBI CHE SONO STATI TOLTI E MESSI IN FONDO TRA PARENTESI:

Io sono il dottore di cui in questa novella si parla talvolta con parole poco lusinghiere.

Chi di psico-analisi s' ...., sa dove piazzare l'antipatia che il paziente mi dedica.

Di psico-analisi non .... perché qui entro se ne parla già a sufficienza.

Debbo................... di aver indotto il mio paziente a scrivere la sua autobiografia; gli studiosi di psico-analisi .... il naso a tanta novità. Ma egli era vecchio ed io .... che in tale rievocazione il suo passato si rinverdisse, che l'autobiografia .... un buon preludio alla psico-analisi.

Oggi ancora la mia idea mi .... buona perché mi ha dato dei risultati insperati, che .... maggiori se il malato sul più bello non si fosse sottratto alla cura .... del frutto della mia lunga paziente analisi di queste memorie.

Le .... per vendetta e spero gli dispiaccia. .... però ch'io sono pronto di dividere con lui i lauti onorarii che .... da questa pubblicazione a patto che egli riprenda la cura. .... tanto curioso di se stesso! Se sapesse quante sorprese .... risultargli dal commento delle tante verità e bugie ch'egli .... qui ....!

| *Ha accumulate, potrebbero, sarebbero stati, parlerò, intende, truffandomi, scusarmi, arricceranno, pare, fosse, Sembrava, ricaverò, Sappia, pubblico, sperai, scrivere.* |

Finito di stampare nel mese di maggio 2001
da Guerra guru s.r.l. - Via A. Manna, 25 - 06132 Perugia
Tel. +39 075 5289090 - Fax +39 075 5288244
E-mail: geinfo@guerra-edizioni.com